KB273023

도망쳐도 괜찮아

도망쳐도 괜찮아

가토 다카히로 저

최태영 역

도망쳐도 괜찮아:
정신건강의학과 의사가 추천하는 행복한 은둔 생활

여러분은 어떤 상황에서 '도망치는(회피하는) 사람들'을 보면 무슨 생각이 드시나요? '나약하다', '비겁하다'…… 이런 부정적인 이미지가 강하게 떠오르지 않나요?

저는 매일 정신건강의학과 의사로서, 그리고 정신분석가로서 환자들의 마음의 목소리에 귀를 기울이는데, '도망, 회피'와 관련된 고뇌를 안고 있는 사람들이 적지 않습니다. 주변에서 '당장 그만둬'라고 말해도 이상하지 않을 환경에 계속 머물다가 심신에 이상이 생긴 학생이나 회사원들, 학교나 회사에서 '도망치면 지는' 삶을 강요당하는 청년들이 많습니다.

역시 '도망/회피'은 좋지 않은 걸까요?

코로나 시대 이후 외출 자제, 원격수업/재택근무 등 '새로운 라이프 스타일'의 도입은 우리의 '도망(회피)'에 새로운 가치를 부여하고 있습니다. '나는 계속 도망쳐 온 패배자'라고 비관하던 은둔형 외톨이 청년이, 낯선 재택근무에 당황하는 아버지에게 집 안에서 편안하게 업무를 할 수 있도록 조언하는 것을 보기도 했습니다.

이 책은 제가 운영하는 '은둔형 외톨이/신세대 우울증 전문 클리닉[규슈대학병원 기분장애/은둔형 외톨이(히키코모리) 클리닉' 및 '규슈대학교 은둔형 외톨이(히키코모리) 연구소'에서 진료 및 연구하고 있는 최신 지견을 바탕으로, 우리들 자신의 마음을 지키기 위한 '도망치기' 팁을 독자 여러분께 제공합니다.

우리는 도망치면 '패배자', 혹은 '악(나쁜 사람)'이 되기 쉬운 사회에 살고 있지만, 이번엔 '도망치면 승리'하는 미래를 한번 그려보는 것은 어떨까요? 도망칠 수 없어 괴로운 사람, '도망'이 패배처럼 느껴지는 사람, 은둔형 외톨이, 그리고 이런 분들을 돕는 사람들(특히 의료, 복지, 교육, 심리 분야의 초심자)이 이 책을 통해 도움을 받을 수 있기를 바랍니다.

이 책은 2011년부터 2012년까지 기고한 『도피해도 이기는 심리학』 이라는, 목련문고에서 연재한 원고를 바탕으로 하고 있습니다(아쉽게도 일본어입니다). 읽어 보시면 도움이 됩니다.

(URL) https://note.com/kodachino/m/m0ba52b82412c

"도망쳐도 괜찮다"는 말이, 누군가의 거처가 되기를 바라며

가토 교수와 처음 인연을 맺은 것은 20여 년 전, '한일 청년 정신과 의사회'라는 한일 젊은 정신건강의학과 의사간의 모임에서 부터입니다. 제가 한국의 은둔형 외톨이에 대해 발표를 했는데, 발표 후 가토 교수가 저에게 다가왔습니다. 그 당시 일본에서는 '히키코모리'라는 단어가 사회적으로 주목받기 시작했고, 한국에서는 아직 '은둔형 외톨이'라는 용어조차 낯선 시기였습니다. 그러나 이러한 사회적 현상이 지닌 의미와 복잡성은, 언어의 장벽을 넘어 저와 가토 교수 모두를 끌어당겼습니다. 그때부터 우리는 공동연구자로서, 그리고 긴 시간 동안 마음을 나눈 친구로서 히키코모리라는 세계에 대해 함께 고민해왔습니다.

『도망쳐도 괜찮아』는 가토 교수의 오랜 임상 경험과 통찰이 담긴 책입니다.

하지만 이 책이 진정한 힘을 가지는 지점은, 히키코모리를 하나의 병리적 현상이나 사회적 문제로 '진단'하는 데 그치지 않고, 오히려 인간 존재의 간주관적 진실-즉, 타인의 시선 안에서 고립되고, 동시에 그 고립을 통해 스스로를 지키려는 복잡한 마음-을 다정하게 조명하고 있다는 점입니다.

가토 교수는 이 책에서 말합니다. "도망쳐서 져도 괜찮다. 인생은 단 한 번의 게임이 아니다."

이 문장은 단지 위로의 문구를 넘어서, 삶을 대하는 방식에 대한 철학적 선언입니다.

한국 사회는 '버텨야 한다', '이겨야 살아남는다'는 명제를 너무 오랫동안 당연시해왔습니다. 그 안에서 은둔형 외톨이는 '문제적 존재'로 낙인찍히거나, '끌어내야 할 대상'으로 여겨지기 쉽습니다. 그러나 저는 이 책을 읽으며, 그들이 머무르고 있는 공간이 단순한 방이 아니라 그들만의 거처이자 생존의 기술, 그리고 자신을 잠시나마 지켜주는 **이바쇼(居場所)**일 수 있다는 것을 다시금 깊이 느꼈습니다. '도망'이라는 행위는 때때로 우리 내면의 무의식이 마지막으로 택할 수 있는 저항이자 요청입니다. 그리고 도망친 자에게 필요한 것은 처방이 아니라, 곁에 앉아 있어주는 사람입니다. 가족이, 친구가, 사회가 그런 존재가 될 수 있다면 은둔형 외톨이는 더 이상 회피가 아닌 자기 회복의 잠재력으로 전환될 수 있습니다.

저는 이 책을 번역하며 '문장'을 옮긴 것이 아니라, '마음'을 전달하고자 했습니다. 특히 한국 사회의 독자들이 "지금의 나도 괜찮다", "나에게도 거처가 필요하다"는 메시지를 왜곡 없이 받아들이길 바라는 마음으로 한 문장, 한 단어에 오래 머물고 고민하였습니다. 한일간의 정서적 차이로 인해 번역이 불편하지 않으시기를 바랍니다. 가토 교수의 진정성이 닿기를 바라면서 원문 그대로 제공한 부분도 있습니다.

『도망처도 괜찮아』는 은둔형 외톨이 당사자뿐 아니라, 그들을 이해하고 도우려는 가족과 실무자, 그리고 스스로의 마음을 어루만지고 싶은 모든 이들에게 '삶의 방향을 틀어도 괜찮다'는 가능성의 책이 되기를 바랍니다. 이 책을 통해 우리기 "밖으로 니오는 방법"만을 고민하는 것이 아니라, '그 안에서 어떻게 잘 머무를 것인가'에 대한 물음도 함께 나

눌 수 있기를 바랍니다. 그리고 언제나 누군가에게 어디에
서나 이 책이 거처처럼 조용히 놓여 있기를 저는 조심스럽
게 소망합니다.

2025년 봄 나의 작은 도피처 건담베이스 근처 스타벅스에서

최태영 번역

도망칠 수 없는 나라에
사는 사람들

여러분은 도망치는 사람인가요?

도망치지 않는 사람인가요?

아니면 도망칠 수 없는 사람인가요?

혹은 매번 도망쳤음에도 불구하고 패배만 해 온 사람인가요?

어쩌면 도망치는 사람에게 화를 내지는 않나요?

이 책의 프롤로그에서는 열 명의 사례를 소개합니다. '도망칠 수 없는', 혹은 '도망쳐도 도망친 게 아닌', '도망치기 힘든' 이 사회에 살고 있는 사람들의 이야기입니다.

'도망칠 수 없는' 당신, '도망쳤지만 패배의 연속으로 움츠러든' 당신, 혹시 이 열 명 중 누군가와 닮은 점이 있지는 않나요?

이 책에서는 그러한 사람들에게 '잘 도망치는' 삶의 방식을 제안하고자 합니다. 전편에서는 '왜 도망치지 못하는가?'를 함께 고민하고, 후편에서는 해결책을 제안합니다.

그럼, 지금부터 도망칠 수 없는 나라에서 고뇌하는 열 명의 사람들을 만나봅시다. 어쩌면 여러분과 비슷한 점을 발견할 수 있을지도 모릅니다.

이제 막 중학교 3학년이 된 A군.

운동은 잘 못하지만, 초등학교 시절 친구의 권유로 마지못해 야구부에 입부했습니다. 1학년 때 담임선생님이 야구부 고문을 맡고 계셨던 것도 입부의 결정적인 계기였습니다.

덩치는 좋지만, 연습을 해도 실력이 향상되지 않는 A군에게, 선생님은 엄격하면서도 따뜻한 말씀을 건네며 격려를 아끼지 않으셨습니다. 그러나 도무지 늘지 않는 실력 탓에 A군은 만년 후보 선수로 중3의 봄을 맞이했습니다.

도중에 도망치고 싶을 때도 있었지만, A군은 여전히 공 줍는 일을 하고 있습니다. '노력에는 반드시 보상이 따른다'는 선생님의 말씀을 믿고 포기하지 않고 있습니다.

- A군은 왜 3년 동안 야구부를 그만두지 않고 만년 후보 선수로 동아리 활동을 계속한 걸까요?

고등학교 2학년 여름방학을 막 마친 B양.

고등학교 1학년 가을 문화제를 준비하던 중, 친하게 지내던 반의 리더 격인 동급생과 연극 배역을 놓고 약간의 다툼을 했습니다. 결국 B양이 원하는 배역을 맡게 되었고, 단숨에 학교의 유명인이 되었습니다.

그런데 얼마 지나지 않아 B양에 대한 좋지 않은 소문이 가짜뉴스처럼 학교 전체에 퍼졌습니다. 어제까지만 해도 웃으며 인사를 나누던 반 친구들이 갑자기 소원해졌고, 학급뿐만 아니라 학교 전체에서 왕따를 당한 지 벌써 1년 가까이 되었습니다.

선생님과 가족에게도 상담하지 못한 채 2학기를 맞이한 그녀는 오늘도 무거운 납덩이를 끌고 가듯 학교 건물을 향해 홀로 무거운 발걸음을 옮깁니다.

- B양은 왜 도망치지 않고 학교를 계속 다니고 있는 걸까요?

중간관리자 40대 남성 C씨.

타고난 운동신경과 친화력으로 중·고등학교 시절 배구부 주장을 맡았고, 추천 전형으로 유명 대학에 입학했습니다. 올림픽 상비군 강화 합숙훈련에 참가할 정도였지만, 부상을 계기로 그만두었습니다. 그럼에도 불구하고 C씨는 매니저를 맡아 배구팀 활동을 계속 이어갔습니다.

좌절에 굴하지 않는 모습을 높이 평가받아 국내 일류 기업에서 근무하는 동아리 선배로부터 러브콜을 받고, 권유에 따라 취업했습니다. 높은 업무 능력과 두터운 신망으로 출세 가도를 달렸습니다. 30대 후반에는 부장으로 승진해 지금은 사장님의 총애를 받으며 사내·외에서 신뢰받는 존재가 되었습니다.

그렇게 탄탄대로를 달리던 C씨는 40대에 접어들면서 문득 허무할 때가 많아지고, '나는 도대체 무엇을 하고 있는 것일까'라는 생각이 들기도 합니다. 하지만 오늘도 회사의 핵심전력으로서 열심히 일하고 있습니다.

- C씨는 왜 어디에서도 도망치지 않고 계속 달리고 있는 걸까요?
- 애초에 도망치고 싶다는 생각을 한 적이 있었을까요?

도심에 사는 30대 중반의 여성 D씨.

엄격하신 아버지와 다소 연약한 어머니 사이에서 장녀로 태어나 시골에서 자랐지만, 대학 진학을 계기로 도심에서 자취 생활을 시작했습니다.

학업과 동아리 활동을 병행하면서 도심의 중견기업에 취업하였고, 대학 시절부터 사귀기 시작한 세 살 연상의 동아리 선배와 교제도 계속 이어갔습니다.

D씨의 애인은 평상시에는 온화한 성격이지만, 도박을 좋아해 가끔 큰 돈을 잃으면 D씨에게 돈을 빌리기도 합니다. 금전감각이 부족한 애인은 '돈을 모으면 결혼하자' 라는 얘기를 입버릇처럼 말했고, 지금도 그 말을 믿고 프러포즈 받을 날을 막연하게 기다리며 하루하루를 보내고 있습니다.

- D씨는 왜 이런 우유부단한 애인과 헤어지지 않는 걸까요?

　시골에서 조상 대대로 이어져 내려온 가업의 후계자로서 촉망받는 30대 후반의 남성 E씨.

　명문가 장남으로 어려서부터 동네에서 유명한 소위 '엄친아'로 자랐고, 가업을 잇기 위해 먼 곳의 전문대학에 진학해 자격증을 취득한 후, 수 년간의 수련을 거치고 나서 20대 후반에 고향으로 돌아왔습니다. 부모님이 소개해 준 동향의 배우자와 결혼해 지금은 두 아이를 키우면서 가업을 이어받아 매일 성실하게 일하고 있습니다.

　시대가 바뀌며 가업의 경영은 해마다 어려워져 약간의 불안감이 엄습할 때도 있지만, 당장 오늘 하루의 일부터 생각하며 힘차게 전진하고 있습니다.

　– E씨는 왜 파산 직전의 가업에서 벗어나지 않는 걸까요?

 <부모와 자녀> F씨

　술버릇이 나쁜 월급쟁이 아버지와 주부인 다정한 어머니 사이에서 태어나고 자란 30대 후반의 독신 여성 F씨.

　부모님의 불화로 초등학교 5학년 때 아버지가 집을 나가고, 이후 어머니 남동생과 함께 셋이 살게 되었습니다. 병약한 어머니는 도망간 아버지에 대해 언급하는 일이 없었고, F씨도 굳이 묻지는 않았지만 어머니가 가끔 한밤중에 혼자 운다는 것을 알고 있었습니다. 어머니는 아르바이트를 하면서 F씨와 동생을 키웠지만, F씨가 고등학교 졸업 후 지방 기업에 취직하자 일을 그만두었습니다. 세 살 아래 동생은 장애가 있어 취업이 어려워 F씨가 가족의 가장이 되었습니다.

　결혼을 생각했던 교제 상대도 있었지만, 어머니로부터 "이제 네가 살고 싶은 대로 살아도 돼"라는 말을 들을 때마다 가족을 버리는 것 같아 미안한 마음이 강해졌고, 데이트보다도 가족을 우선시하는 생활 때문에 연애가 오래 지속되지 않는 패턴이 반복되고 있습니다.

　- 왜 F씨는 가족으로부터 도망치지 않고 어머니와 동생을 위해 자신의 삶을 희생하는 걸까요?

5년 전 어머니를 잃은 50대 후반의 여성 G씨.

지방도시 교외에서 2남 1녀 중 장녀로 태어나고 자란 G씨는 고등학교 졸업 후 사무직에 취직했지만, 그곳에서 만난 여섯 살 연상의 남성과 결혼한 뒤로 남편의 잦은 전근으로 인해 전국을 떠돌아다니며 생활하였습니다.

점차 병약해져 가는 부모님이 걱정되지만, 멀리 떨어져 살다 보니 직접 돌볼 수 없어 마음이 좋지 못한 나날을 보내야 했습니다.

40대 후반 무렵 자녀들이 독립하고, 남편도 정년이 가까워져 이제 친정 집 근처에 집을 지으려고 할 때쯤 어머니가 심근경색으로 갑작스럽게 돌아가셨습니다.

그리고 한 달 뒤에는 10년 동안 키우던 개도 세상을 떠났습니다. 장례식 이후에도 우울한 기분이 몇 달, 몇 년째 지속되고 있으며, 최근에는 돌아가신 어머니와 개에게 미안한 마음을 지우기 위해서는 '내가 사라지는 수밖에 없다'는 생각이 점점 강해지고 있습니다.

- G씨는 왜 돌아가신 어머니와 강아지의 영혼에서 벗어나지 못하는 걸까요?

　대기업 사무직 남편과 초등학교 5학년 아들과 함께 살고 있는 30대 후반 주부 H씨.

　학창시절에는 동아리에 들어가 몇 명의 친구들이 있었지만, 성격이 조용하고 대인관계가 서툴러서 사회인이 된 후 교류가 끊겼습니다. 지방 공무원이셨던 부모님의 '결혼할 거면 대기업 사원과 결혼해!'라는 강요에 못 이겨 지방 기업에 근무하는 5년 정도 사귀던 남자친구와 헤어지고, 30 세가 되기 직전 부모님이 강력하게 권유하는 지방 출신의 8살 연상 대기업 회사원 남자와 맞선을 보고 결혼하여 상경했습니다.

　바쁜 남편은 결혼 초부터 늦은 시간에 귀가하고, 주말에도 출장으로 집을 비우기 일쑤였습니다. 예민한 아들은 새로운 학교에 적응을 못해 배가 자주 아파서 결석하는 일이 잦았지만, 남편에게도 친정 부모님께도 말하지 못하는 나날이 계속되었습니다.

　H씨는 외로움을 느끼며 힘들게 육아를 하던 중, 아들의 학부모 모임 엄마들과 교류를 시작하면서 점차 고민을 털어놓을 수 있게 되었습니다. 점차 다른 반 엄마들과도 친해지기 시작했고, 활발한 교류가 이뤄지는 학부모 LINE 밴드에 H 씨도 가입하게 되었습니다.

　처음에는 가입한 것이 기뻐서 매일 댓글을 달았는데, 아이의 잔병치레로 인해 정신이 없어 이틀 동안 댓글을 달지 못한 적이 있었습니다. 그 이틀 동안 점심 모임 일정이 변경되었습니다. 가까스로 모임에 참석은 했지만, 여느 때와 다르게 멤버들과 소원한 것처럼 느껴졌습니다. 한 엄마가 'H씨, 모임에 참여할 열의는 있어요?'라고 중얼거리는 말이 환청처럼 들려왔고, 약간의 공포감이 생겨 이후, 공지글이 올라오는 알림을 강박적으로 확인하게 되었습니다.

때로는 '지금 메시지가 온 건 아닐까'하는 불안감에 불면증에 시달리고, 처음에는 힐링의 장이었던 학부모 대화 방이 이제는 도망치고 싶은 곳이 되어버렸습니다.

그래도 탈퇴하지 않고, 오늘도 알림을 확인한 후 잠자리에 누워 바로 잠들지 못한 채 어둠 속에서 고뇌의 시간을 보내고 있습니다.

- H씨는 왜 학부모 모임에서 도망치지 않고 계속 남아 있는 걸까요?

은둔형 외톨이로 살아온지 십 년이 넘은 50대 초반 남성 I씨.

어릴 때부터 프라모델 만들기가 취미였고, 지금도 집에만 틀어박혀 인터넷 쇼핑몰에서 프라모델을 구매해 만드는 것이 유일한 즐거움입니다. 부모님은 베이비붐 세대로 아버지는 당시 잘나가는 전기회사 엔지니어, 어머니는 전업주부였습니다. 다섯 살 차이 나는 형은 어릴 때부터 공부도 운동도 잘했고, 대기업에 취직하여 영업직으로 뛰어난 성과를 내며 활약하고 있습니다.

형과 달리 운동신경이 둔하고, 수학, 과학 외에는 공부도 잘 못하고 대인관계도 서툴렀던 I씨는 특별한 장래희망도 없이 담임선생님의 권유에 따라 자신의 성적에 맞추어 지역 국립대 공대에 진학했습니다.

I씨는 애초부터 '사회에 나가서 일하고 싶다'는 의욕은 없었지만, 주변사람들이 취업준비를 시작하자 따라서 준비했습니다. 그러나 어느 회사도 2차 면접까지 가지 못했고, 대학 취업반 지도교수님으로부터 '대체 지금까지 무슨 생각으로 살아왔냐?'라고 꾸지람을 들었습니다. 그 이후 세미나에 참석하는 것이 무서워져 학교에 갈 수 없게 되었습니다.

I씨는 '지도교수 때문에 우울증이 생겼으니 약을 먹어야겠다'는 생각에 직접 정신건강의학과를 찾아가 우울증 진단을 받았습니다. 휴학을 위한 진단서를 요청하고 SSRI[1] 라는 항우울제를 처방받았

---

1 SSRI: Selective Serotonin Reuptake Inhibitor 선택적 세로토닌 재흡수 차단제.

습니다. 약을 먹으니 속이 메스꺼워서 제대로 먹지 않았지만, 집에서 프라모델을 조립하다 보면 우울한 기분은 금방 사라졌습니다.

다행히 휴학 전에 학점을 이수한 상태였기 때문에 학사경고는 받지 않았고, 4년만에 간신히 졸업할 수 있었습니다. 이후 인맥을 통해 아버지가 근무하는 회사의 자회사에 엔지니어로 취직했습니다. 사교성은 떨어졌지만, 전문기술 능력이 뛰어나 사내에서 비교적 높은 평가를 받았고, 30대 중반에는 과장으로 승진해 부하직원을 몇 명 거느리게 되었습니다.

그러나 장인정신이 강하고 융통성이 없는 I씨의 성격이 화근이 되어 부하직원이나 상사와 의견 충돌이 잦아졌고, 어느 날엔 술자리에서 짜증이 난 나머지 부하직원과 말다툼을 벌이다 화를 참지 못하고 기어이 폭력을 휘둘렀습니다.

이 일로 징계 처분을 받은 I씨는 납득할 수 없다고 항의했지만, 회사 측에서 받아들이지 않았고, 복귀 후 직장에 적응하지 못해 몇 개월만에 자진 퇴사했습니다.

그 후 몇 군데 회사를 옮겨 다니며 일했지만, '이 회사는 나를 이해하지 못할 것 같다'는 생각이 들었고, 어느 회사도 1년을 버티지 못하고 30대 후반부터 무직으로 집에 틀어박혀 지내고 있습니다.

그 무렵 어머니가 골절상을 입었고, 어머니를 간병하는 것으로 I씨는 집에 있는 것을 정당화할 수 있었습니다. 몇 년 후 아버지가 뇌경색으로 갑작스럽게 세상을 떠나고, 이후 어머니와 단둘이 사는 생활이 시작되었습니다. 해마다 쇠약해지는 어머니를 돌보는 일과 프라모델을 만드는 일이 삶에서 몇 안 되는 보람입니다.

멀리 사는 누나는 여전히 일하지 않고 집에만 틀어박혀 있는 I씨에게 불만을 품고 있지만, 어머니가 '그 아이 덕에 내가 살아'라며 달래고 있어, 누나도 더 이상 말하지 못하고 있습니다.

- I씨가 은둔형 외톨이가 되지 않고 도망칠 수 있는 더 좋은 방법은 없었을까요?

- 사회로부터 자신을 격리하는 I씨는 가족과 어떤 관계를 맺어야 할까요?

대학 졸업 후 현재 회사에 입사해 영업 외길로 30년 경력을 가진 J씨.

매년 영업 성적이 우수하여 고객과 상사로부터 두터운 신뢰를 받고 있습니다. 이러한 실적을 인정받아 5년 전, 회사가 지방 도시로 지사를 설립하게 되면서 지점장으로 발탁되었습니다.

학창시절부터 운동 선수 출신으로 활동했던 J씨는 입사 후에도 위계질서를 중시하며, 상사나 고객이 권유하는 술자리나 골프 모임에 빠지지 않고 참석해왔습니다. 그들과의 친밀한 관계는 J씨에게 무엇과도 바꿀 수 없는 소중한 것입니다.

지점장이 되고, '이제부터는 내가 상사의 입장에서 부하들을 격려해야겠다'는 각오로 신규 채용한 직원들을 위해 술자리를 마련하고, 기념일마다 회식 자리를 가졌습니다. 술자리에서는 직원들의 영업 성과 향상에 도움을 주기 위해 자신의 성공담을 들려주기도 하고, 때로는 성과가 없는 직원을 엄하게 꾸짖기도 했습니다.

이러한 질책은 J씨 자신이 젊은 시절 상사로부터 받았던 격려였기에, J씨는 당연한 행동이라고 생각했습니다. 그러나 J씨가 근무하는 지점에서 '이 회사를 더는 다닐 수 없다'며 퇴사하는 직원들이 갑자기 속출하기 시작했습니다.

J씨는 '자신의 격려가 부족한 것이 아닐까?'라는 생각에 술자리나 골프 모임을 더 늘렸습니다. 하지만 효과는커녕 퇴직자만 점점 늘어나는 바람에 '왜 다들 도망가는 거야!'라며 화를 내는 일이 잦아

졌고, 부하 직원에 대한 질책도 더 심해졌습니다.

본사 임원으로부터 '당신 지점은 어떻게 관리하길래 퇴직자가 계속 나오는 거냐!'라는 질책을 받았고, 그 무렵 받은 건강검진에서는 고혈압을 진단받았습니다. 복통과 두통도 심해져 괴로운 나날을 보내고 있습니다.

- J씨는 왜 퇴사한 부하직원들에게 이토록 화를 내는 걸까요?

- 애초에 J씨는 왜 그만두는(도망가는) 부하직원의 심정을 이해하지 못하는 걸까요?

도망치는 것은
쉽지 않다.

1장

도망치는 것은

정말 좋지 않은 일인가?

우리 사회에는 '버티는 것'을 미덕이라고 여기는 분위기가 만연하여, 도망치는 것은 '좋지 않은 선택', 어쩌면 '나쁜 선택'으로 여겨지기도 합니다.

저는 매일 정신건강의학과 의사로서 수많은 환자들을 만나고 그들의 인생 이야기를 들어주는데, '도망'에 관한 이야기가 의외로 많습니다.

하루는 몇 명의 환자로부터 도망 관련 이야기를 들었는지 직접 세어본 일도 있습니다. 그날 20여 명을 진료했는데, 적어도 두 명은 '도망(회피)'이라는 단어를 직접적으로 사용하면서 괴로움을 토로했습니다. 또 여러 명의 환자들은 직접적인 단어를 사용하지 않더라도 '도망'에 얽힌 이야기를 하고 있었습니다. 즉, 제가 만난 환자들 중 30% 정도가 '도망'이라는 주제로 고뇌하고 있었다는 것입니다. 그만큼 정신건강의학과 임상 장면에서 '도망'은 중요한 주제입니다. 그러나 정신의학에서 '도망'이 진지한 주제로 다뤄진 적은 지금까지 없었던 것 같습니다.

프롤로그 사례 7의 G씨와 같은 고전적(멜랑콜리형) 우울증 환자는 '도망'친 일에 대한 죄책감으로 눈물을 흘리며 이야기합니다.

한편, 최근 '신세대 우울증[2]'이라 불리는 새로운 유형의 증후군이 있습니다. 이러한 유형의 우울증을 겪고 있는 사람들은 '버티는 것이 아름답다'거나 혹은 '도망치는 것은 나쁜 것'이라는 생각을 하지 않습니다. 실제로 그들은 '도망'치는 선택을 하는 경향이 있습니다. 이러한 '신세대 우울증' 환자를 보면, 당사자보다 주변인들이나 가족들이 힘들어 하는 경우가 많습니다.

그들은 계속 도망친 결과, 최근 사회의 큰 문제가 되고 있는 '은둔형 외톨이(히키코모리)'로 지칭되기도 합니다. 은둔형 외톨이를 '사회로부터 도피'한 사람으로 본다면, 이를 도망치는 사람의 전형적인 사례라 해도 과언이 아닐 것입니다.

2　2010년 신세대 우울증(modern type depression, MTD; 신형/현대형 우울증)이라는 신조어가 일본 사회에 등장함. 이기적이고 인간관계 형성에 회피적, 자기애적 성격이 강하고 자존심에 쉽게 상처를 받으며, 난관을 잘 극복하지 못하는 성격을 말함. 쉽게 우울감을 느끼고 학교나 직장 일에 회피적이며, 회피하는 순간 우울증상이 사라진다는 것이 핵심 포인트. 학교나 직장 결석이 장기간 지속되어 히키코모리와 유사한 상태가 되기도 하여 히키코모리 전단계라고 부르기도 함. 최근 최태영 교수 논문에서 신형/현대형 우울증을 신세대 우울증이라 번역하였음. 이에 이책에서는 신세대 우울증이라고 통칭함

이번 장에서는 '도망'에 관련된 정신건강의학 임상 장면의 유형을 소개합니다.

우울증은 부끄럽다-숨기고 싶은 마음의 병

몸과 마음의 병의 차이점을 알고 계신가요? "몸의 병은 '신체'가 아픈 것이고, 마음의 병은 '정신'이 병드는 것이겠지", 라고 많은 분들이 대답하실 것 같습니다. 여기서는 정답으로 여기고 넘어가겠습니다. 실제로는 몸과 마음의 구분이 그렇게 쉽지는 않지만, 한번 알기 쉽게 구분하여 생각해 보겠습니다.

자신이 병을 앓고 있다는 것이 부끄러운 일이라고 생각하시나요? 이 '부끄러움'이라는 감정이 의식되는 순간, 몸과 마음의 병은 아주 다르게 인식될 수 있습니다.

예를 들어 배가 아프거나 치아가 아팠다고 가정해 봅시다. 그때 여러분은 부끄러움을 느끼시나요? 아마 아닐 겁니다. 몸의 통증이 계속되면 "더 이상 참을 수 없어, 지금 당장 내과에 가자", "내일이라도 치과에 가자"하며 망설임 없이 진찰을 받기 위해 병원을 방문할 것입니다.

반면, 마음의 병인 경우는 어떨까요? 기분이 맑지 않고 우울해서 아무것도 할 의욕이 생기지 않거나, "나는 틀렸어, 아무것도 할 수 없어"라고 자책하는 마음이 강하게 들 수 있습니다. 프롤로그에 나오는 B씨(동급생 사례)나 H씨(모임 사례)도 그런 마음을 가지고 있는 것 같습니다.

이런 기분은 '우울증'을 앓고 있을 때 발생하기 쉬운데, 정작 여러분이 이런 기분을 느낄 때 주위로부터 "당신은 우울증이네요"라는 말을 듣는다면, 아마 많은 분들이 그렇지 않다며 부인하고 싶을 것입니다. 그리고는 '사람들이 나를 우울증이라고 생각하면 어떡하지…… 그렇지 않은 것처럼 보여야 해'라며 자신의 힘든 마음이 밖으로 드러나지 않도록 숨길지도 모릅니다.

B씨와 H씨는 바로 이런 상황에 처해 있는 것이 아닐까요?

그렇다면 우리는 왜 마음의 병을 앓고 있다는 사실을 숨기고 싶어하는 것일까요?

거기에 작용하는 '부끄러움'이라는 의식이, 우리를 도망치고 싶은 마음으로 몰아넣기도 합니다. 이제부터 그 마음에 초점을 맞춰 두 가지 유형의 우울증을 소개하겠습니다.

도망가지 못하는 우울증-부끄러움/죄책감에서 오는 유형

기존 우울증의 전형은 '멜랑콜리형' 우울증이었습니다. 근면, 성실, 완고함(고집스러움) 등의 성격적 성향을 가진 중장년층 남성이 그 전형입니다.

지금으로부터 100년 전, 제1차 세계대전 그리고 제2차 세계대전으로 이어지는 군국주의 시대에서는 이러한 우울증이 유행했던 것으로 보입니다. 규슈 제국대학 정신병리학 교실(현: 규슈 대학 의학 전문 대학원 의학연구소 정신병태의학)의 2대 교수였던 시모다 미츠조 선생은 이러한 우울증의 원인이 되는 성격 경향(병전 성격)을 '집착 기질'이라고 명명했습니다.

현대의 우리는 '집착 기질'이라는 용어에 '인터넷·게임 중독'을 떠올리기도 하지만, 시모다 교수가 제시한 개념은 그렇지 않습니다. 그가 주장한 집착 기질의 특징을 살펴보겠습니다.

업무에 대한 열의 / 성실함 / 철저함 / 정직함 / 꼼꼼함
강한 정의감 / 속임수나 '꼼수'를 부리지 않음

영화나 드라마에 나오는 군인들이 떠오릅니다. 세계 대전 전후에도 이러한 성격적 성향으로 인해 우울증을 앓는 사람들이 적지 않았습니다.

고도의 경제성장 속에서 '모레츠[3] 사원'으로 일했던 세대의 대부분은 이러한 기질을 지녔을 것입니다. 기본적으로 이러

---

3   일본에서 1970년대에 유행했던 용어. 모레츠는 '맹렬'이라는 뜻으로, 회사에 충성심을 가지고 있으며, 출세를 위해 가정과 가족, 개인의 삶을 희생하고 일에만 열중하여 무모하게 일하는 직장인을 뜻한다. 1969년 마루젠 석유 (현재의 코스모)의 광고에서, 미니 스커트 차림의 오가와 로자가 맹렬한 스피드로 달려오는 차가 일으킨 바람에 치마가 올라가면서 동시에 「Oh ! 맹렬(モ-レッ,모레츠)」이라는 캐치프레이즈를 외치는 장면이 있어 여기서 모레츠가 일시적 유행어가 되었다. 1970년대에는 많이 쓰였던 단어지만 곧 사어가 됐다. 지금의 워커홀릭과 유사하다.

한 성향의 사람들을 우리 사회에서는 모범생으로 여기곤 합니다.

멜랑콜리란 그리스어로 '검은 담즙'이라는 뜻으로, 예로부터 '우울'을 일컫는 말이었습니다. '멜랑콜리형 우울증'은 1960년대 독일의 정신병리학자 텔렌바흐(Tellenbach) 박사가 이름 붙인 우울증 유형의 하나입니다. 질서와 규칙에 충실하고, 헌신적이며, 성실하고, 일에 열중하고, 책임감이 강한 특징이 있으며, 대체로 시모다 교수의 '집착 기질'과 공통된 병적 성격을 보입니다.

한 가지 대표적인 일례를 가상의 사례로 제시해 보겠습니다.

45세의 남자 체육교사 K 씨

주 호 소 불면증

개인력 2명의 형제 중 장남으로 지방도시에서 태어나고 자랐습니다. 성실한 성격으로 공수도에 몰두하면서도 학업성적이 우수하여 지방 국립대학 교육학부에 특별전형(추천)으로 입학한 후 공립 고등학교 체육교사가 되었습니다. 기혼이며, 세 명의 자녀가 있습니다.

교육지도에 열성적이고 친절한 교사로 학생들과 동료 교사들에게 인기가 많았던 K씨. 몇 년마다 부임지 이동이 있었지만, 지금까지 별다른 문제가 없었습니다. 6개월 전, 지금까지의 중소

규모 고등학교와 달리 도시에 있는 학생 수가 많은 고등학교로 발령이 났습니다.

 없음

 특이사항 없음

 없음

  수업 외에는 공수도부 고문으로서, 방과 후 및 휴일에는 자원봉사 동아리 지도를 열심히 했고, 그것이 '교사로서 당연한 의무' 라고 생각했습니다. 하지만 다른 동료 교사들은 그렇지 않았고, 자연스레 K씨만 업무량이 늘어났습니다. 이전 학교와 달리 교사도 학생도 냉정하고 사무적인 태도를 보여 K씨는 말로 표현할 수 없는 답답함을 느끼게 되었습니다.

두 달 전, 공수도 대회와 합숙훈련 이 끝난 무렵부터 아침 일찍 잠에서 깨고 두통이 나타나며 낮 동안 피로감을 느끼면서도 매일 출근을 했습니다. 그러나 최근 한 달간은 도저히 아침에 일어날 수가 없었고, 결국 결근과 지각이 반복되자 걱정한 아내가 꺼려하는 K씨를 설득하여 근처 정신건강의학과에 내원했습니다.

  K씨는 "힘들어서 일어나지 못하겠어요……. 저 때문에 주변에 폐를 끼친 것 같아 미안해요. 교사로서 자격이 없는 것 같고…… 모든 게…… 잘 안돼요."라며 침울한 표정과 작은 목소리로 느릿느릿 말하면서 눈물과 함께 고개를 떨구었습니다.

K씨의 아내는 "예전에는 밝은 남편이었는데, 지금은 생기를 잃

이것이 바로 '멜랑콜리형 우울증'의 전형적인 예입니다.

그런데 이런 멜랑콜리형 우울증 환자들의 특징은 그들을 힘들게 하는 가정, 직장 그리고 학교로부터 '도망치지 않는다'는 점입니다. '도망치지 않는 것이 아름답다'는 미덕을 긍지로 삼는 사람들이라고 해도 좋을 것 같습니다.

프롤로그에서 소개한 중견 관리직 C씨(사회인 사례), 믿음직스럽지 못한 남자친구와의 연애를 계속하는 D씨(연애 사례), 명문가의 후계자 E씨(가업 사례), 외동딸로 엄마와 동생을 부양하는 F씨(부모 자녀 사례)도 이대로 도망치지 않고 계속 나아가기만 한다면 멜랑콜리형 우울증에 빠질 것 같습니다. 부하직원들이 하나둘씩 그만두는 가운데 지점장을 계속하고 있는 J씨(도망자 사례)도 이대로 가다가는 비슷한 우울증에 빠질지도 모릅니다.

어머니와 반려견을 잃은 G씨(사별 사례)는 이미 이런 유형의 우울증을 앓고 있는 것으로 보입니다. 우울증은 '상실'의 병입니다. 과거에서 벗어날 수 없는 병이라고 해도 좋을 것 같다는 생각이 듭니다. 시간이 멈춰 있는 겁니다.

다르게 보면, 시간을 멈춤으로써 과거의 세계를 잃는 상실의 고통에서 도망치는 측면도 있습니다.

‘도망’이라는 선택을 할 때, 우리 마음속에는 ‘죄책감’이라는 감정이 피어오릅니다. 죄책감을 느끼는 것은 인간이라면 당연한 현상이지만, 과도한 죄책감은 과거로부터 벗어날 수 없게 만들기도 합니다.

실제로 죽어서 속죄해야 할 만큼의 죄악을 저지른 사람은 그리 많지 않습니다. 하지만 이러한 멜랑콜리형 우울증 환자들은 ‘죽어서 속죄해야 한다’와 같은 과도한 주관적 죄책감을 느낍니다. 정말 괴로운 일이라고 생각합니다. 과거를 망각하지 못해 괴로운 사람들입니다.

그렇게 우울증에 걸리면 마음의 시야가 좁아지는데, G씨의 시야에는 잃어버린 어머니와 강아지가 아직도 살아 있는 것처럼 뚜렷한 잔상으로 남아서 떠나지 않습니다.

도망치면 안될까?-신세대 우울증

최근에는 이러한 전통적인 ‘집착 기질’이나 ‘멜랑콜리 성격’을 바탕으로 한 고전적 우울증 유형과는 다른 우울증 유형이 대두되고 있습니다. 이런 유형을 일본 언론에서는 ‘신형 우울증’, ‘현대형 우울증’이라 부르며, 우리 연구실에서는 ‘현대 우울증 증후군’이라고 잠정적으로 부르기도 했습니다. 이 책에서는 최태영 교수가 논문[4]에서 번역한 대로 ‘신세대 우울증’이

4　J Korean Soc Biol Ther Psychiatry c 생물치료정신의학 2023;29(3):61-67 참조

라고 지칭하겠습니다.

'신세대 우울증'은 '직장이나 학교에서는 스스로 우울증 증상을 호소하고 바로 쉬기도 하지만, 수업이나 업무 외의 시간과 주말에는 비교적 편안하게 생활하고 있다'는 특징이 있습니다. 이 때문에 주위에서 '도망만 다니고 못났다', '그냥 게으른 거 아냐?'라는 핀잔을 듣기 쉽습니다.

즉, 멜랑콜리형 우울증은 '도망가지 않는' 사람들이었지만, 신세대 우울증은 '도망가는' 사람들입니다. 정반대라고 할 수 있습니다.

신세대 우울증이라는 병의 상위 개념이 되는 '기분부전형 우울증(기분 부전증[5], 지속적 우울장애)'이 제창된 것은 1995년입니다. 이 개념은 규슈대학 정신건강의학과 정신병리 연구 그룹의 선배였던 타루미 노부 선생이 먼저 주장했습니다.

안타깝게도… 타루미 선생은 이 직후 급작스럽게 세상을 떠났습니다. 저는 타루미 선생과 책상을 나란히 두고 있었는데, 돌아가실 때의 안타까움을 지금도 잊을 수가 없습니다. 제 연구실에서는 타루미 선생의 후배로서 그가 싹을 틔운 개념을 현대 정신의학에 접목시키는 활동을 계속해 왔습니다.

타루미 선생은 '신세대 우울증'의 성격으로 다음과 같은 특

---

5 기분부전장애(Dysthymic disorder) 또는 기분부전증(Dysthymia, persistent depressive disorder, PDD)는 주요우울장애와 증상이 비슷하지만, 그 정도가 경미하면서 2년 이상 지속되는 증상을 말한다.

징을 꼽았습니다.

　① 원래 부지런하지 않다.

　② 사회에서의 계층이나 계급을 싫어하거나 회피한다.

　③ 사회적 역할이 없는 상태를 선호한다.

　④ 남 탓하는 경향이다.

　⑤ 막연한 전능감이 있다.

　이런 특징은 '신세대 우울증'분들뿐만 아니라 어떤 면에서는 현대인에게 공통적으로 나타나는 기질일지도 모르겠습니다. 저 자신도 이런 성향이 전혀 없다고는 할 수 없습니다. 여러분은 어떠신가요?

　한 가지 전형적인 예를 가상의 사례로 제시해 보겠습니다.

21세의 남자 대학생 L 씨

주 호 소　기분이 우울하다. 의욕이 없다.

개인력　L 씨는 외동으로 회사원인 아버지와 전업주부인 어머니 밑에서 자랐습니다. 성적은 중상위권, 운동은 구기 종목을 좋아하지 않아 수영 동아리 활동을 하였고, 교우관계도 원만했습니다. 특별한 장래희망은 없었지만, 부모님의 권유에 따라 도쿄의 사립대학 경제학과에 진학하면서 부모님을 떠나게 되었습니다. 특별히 친한 친구는 사귀지 못했지만, 수업만 열심히 듣고 진급을 했습니다.

정신과 병력 없음

가족력 특이사항 없음

약물 사용 여부/기타 없음

현 병력 마지막 학년이 되어 동급생들이 속속 취업이 정해지는 가운데, L씨는 희망 직업도, 미래 비전도 찾지 못해 막막하기만 했습니다. 몇 번의 취업 시험을 봤지만 잘 되지 않았고, 취업 담당 교수로부터 '지금까지 뭘 하고 살았냐? 좀 더 의욕적으로 하지 않으면 사회에 나가서도 일할 수 없을 거야'라는 말을 듣고 속으로는 매우 화가 났지만, 참고 견뎠습니다.

이후 L씨는 지각과 결석이 잦아졌습니다. 여가시간을 보내기 위해 시작한 인터넷 데이트 사이트에 몰입하여, 그곳에서 한 여성을 알게 되었습니다. 그 여성과 몇 번 데이트를 했지만, '재미없는 사람'이라는 이유로 교제를 거절당하고 난 직후부터 기분이 우울해짐과 동시에 분노가 치밀어 올랐습니다.

그 후, 대학 수업 출석은 전혀 하지 않고, 그냥 인터넷만 하면서 멍하게 지내는 생활을 하게 되었습니다. 그러던 중 인터넷에서 '우울증은 약으로 치료한다'는 사이트를 발견하고 근처 정신건강의학과 병원에 진료를 받게 되었습니다.

초진 시 L씨는 진료실에 들어서자마자 '저는 ○○대학교에 다니고 있는 L입니다' 라고 정중하게 인사를 하고 '어떻게 지내십니까?'라는 질문에 메모해 온 지금까지의 개인력, 병력을 읽어

내려갔습니다. 다 읽은 후 직접 인터넷에서 찾은 우울증 체크리스트를 건네주며 "선생님, 방금 말씀드린 것처럼 저는 이 진단 기준에 해당되는 것 같아요, SSRI가 효과가 있다고 적혀있어요"라며 스스럼없이 약물 처방을 요구했습니다.

혹시, 이런 사람을 주변에서 본 적 없으신가요? 특히 학생이나 갓 사회생활을 시작한 분들에게서 이런 경우를 심심치 않게 볼 수 있습니다. 이런 분들의 특징은 바로 탈출구를 찾거나, 특별히 주저하거나 부끄러워하지 않고 '도망치는 선택'을 한다는 것입니다. '결코 도망치지 않는' 기존의 멜랑콜리형 우울증 환자들과는 정반대입니다.

즉, '멜랑콜리형 우울증'과 '신세대 우울증'의 차이는 '도망가느냐' 아니면 '도망가지 않느냐'로 구분됩니다. 거기에는 앞서 언급한 '부끄러움'을 느끼는 정도의 차이가 숨어 있습니다.

애초에 '부끄러움'이라는 인식의 발생에는 그들이 태어나고 자란 환경, 성장 당시의 시대·사회 그리고 문화가 큰 영향을 미칩니다. 학교나 직장에서 도망치는 것이 '부끄럽다'고 생각하는 마음을 독자 여러분은 이해하시나요? 아마도 거기에는 세대적인 차이가 존재할 것입니다. 연세가 있으신 분들은 '도망치는 것이 부끄럽다'고 여기는 마음을 잘 이해하실 겁니다. 반면 10대, 20대분들은 상당히 다른 인상을 가질 수도 있습니다.

당신은 스스로 어느 정도 '신세대 우울증'과 같은 성격적 경

향을 보이시나요? 정신건강의학과 의사도 그런 평가를 하는
게 쉽지 않습니다.

그래서 우리 연구실에서는 이런 분들을 쉽게 파악할 수 있
는 자가설문식 척도(설문지)를 개발했습니다. 신세대 우울증
개념의 근간이 되는 '기분부전형 우울증'을 제창한 고(故) 타
루미(樽味)씨의 이름을 따서 「22항목판 타루미의 『신세대
우울증』 성향 척도 (The 22-item Tarumi's Modern-Type of
Depression Trat Scale: Avoidance of Social Roles, Complaint,
and Low Self-Esteem : 약칭 TACS-22) 」라고 명명했습니다.
22개 항목의 질문에 답함으로써 '신세대 우울증' 경향을 간편
하게 파악할 수 있습니다.

아래의 문장은 당신의 일상 상태에 어느 정도 해당됩니까?
가장 적절한 번호를 한가지 골라 O표를 하십시오. 너무 깊게 생각하지 말고 대답해 주십시오.

		해당 되지 않는다	별로 해당 되지 않는다	어느 쪽도 아니다	조금 해당 된다	해당 된다
1	주위 사람들이 쉬라고 말해주길 바란다.	0	1	2	3	4
2	나는 상처받기 쉬운 사람이다.	0	1	2	3	4
3	일이나 공부 보다도 좋아하는 일만 하면 지내고 싶다.	0	1	2	3	4
4	인생은 결국 무의미하다고 생각한다.	0	1	2	3	4
5	사회인과 학생이라는 틀에 갇히고 싶지 않다.	0	1	2	3	4
6	세상이 없어졌으면 좋겠다고 생각한다.	0	1	2	3	4
7	주변 사람들이 내 개성을 존중해 주었으면 한다.	0	1	2	3	4
8	모든 것이 완벽하지 않으면 불안하다	0	1	2	3	4
9	인생에는 고생이 필요하다.	0	1	2	3	4
10	아무도 나를 이해해 주지 않는다.	0	1	2	3	4
11	타인에 맞추기 보다는 내 방식대로 살아가고 싶다.	0	1	2	3	4
12	나는 가치가 없는 인간이다.	0	1	2	3	4
13	컨디션이 안 좋을 때, 쉬는 것은 당연하다.	0	1	2	3	4
14	주위의 도움이 부족하다.	0	1	2	3	4
15	다른 사람에게 의지하고 싶다.	0	1	2	3	4
16	타인이 신경을 써주는 것이 괴롭다	0	1	2	3	4
17	하기 싫은 일은 대충한다.	0	1	2	3	4
18	기억에 없는 일로 비난받은 적이 있다.	0	1	2	3	4
19	별 고생 없이 살고 싶다.	0	1	2	3	4
20	힘든 감정이 표정이나 행동에 드러난다.	0	1	2	3	4
21	세상에는 쓸데없는 규칙이 많다.	0	1	2	3	4
22	지금 내 상태는 주위 사람들 탓이다.	0	1	2	3	4
	소계					
	합계					

당신의 점수는 몇 점이었나요? 규슈대학교 병원에서 실시한 예비 임상연구에 따르면, 우울증 환자 중 이 점수가 50점 이상이면 '신세대 우울증'일 가능성이 높다는 것을 알 수 있었습니다. 이 설문지에는 세 가지 하위 요인이 있습니다. 아래 질문에 답하면 각 요인에 대한 점수가 나오고, 당신의 신세대 우울증 정도를 보다 자세하게 확인할 수 있습니다.

요인 A	해당 되지 않는다	별로 해당 되지 않는다	어느 쪽도 아니다	조금 해당 된다	해당 된다
3 일과 공부 보다도 좋아하는 일만 하고 싶다.	0	1	2	3	4
5 사회인과 학생이라는 틀에 갇히고 싶지 않다.	0	1	2	3	4
7 주변 사람들이 내 개성을 존중해 주었으면 한다..	0	1	2	3	4
9 인생에는 고생이 필요하다.	0	1	2	3	4
11 타인에 맞추기 보다는 내 방식대로 살아가고 싶다.	0	1	2	3	4
13 컨디션이 안 좋을 때 쉬는게 당연하다.	0	1	2	3	4
15 다른 사람에게 의지하고 싶다.	0	1	2	3	4
17 하기 싫은 일은 대충한다.	0	1	2	3	4
19 별 고생없이 살고 싶다.	0	1	2	3	4
21 세상에는 쓸데없는 규칙이 많다.	0	1	2	3	4
소계					
합계					

'요인 A: 사회적 역할 회피', '요인 B: 불평불만', '요인 C: 낮은 자존감' - '신세대 우울증' 경향이 있는 사람들은 사회적 역할을 회피하기 쉽고, 불평불만을 가지기 쉬우며, 자존감이 낮다는 것입니다. 당신은 각각 몇 점이었습니까? 각각 24점,

요인 B	해당 되지 않는다	별로 해당 되지 않는다	어느 쪽도 아니다	조금 해당 된다	해당 된다
1 주변 사람이 쉬라고 말해주길 바란다.	0	1	2	3	4
6 세상이 없어졌으면 좋겠다고 생각한다.	0	1	2	3	4
10 아무도 나를 이해해주지 않는다.	0	1	2	3	4
14 주위의 도움이 부족하다.	0	1	2	3	4
18 기억에 없는 일로 비난받은 적이 있다.	0	1	2	3	4
22 지금 내 상태는 주위 사람들 탓이다.	0	1	2	3	4
소계					
합계					

요인 C	해당 되지 않는다	별로 해당 되지 않는다	어느 쪽도 아니다	조금 해당 된다	해당 된다
2 나는 상처받기 쉬운 사람이다..	0	1	2	3	4
4 인생은 어떻게든 될 거라고 생각한다.	0	1	2	3	4
8 모든 것이 완벽하지 않으면 불안하다	0	1	2	3	4
12 나는 가치가 없는 인간이다.	0	1	2	3	4
16 타인이 신경을 써주는 것이 괴롭다	0	1	2	3	4
20 힘든 감정이 표정이나 행동에 드러난다.	0	1	2	3	4
소계					
합계					

12점, 16점 이상이면 이러한 경향이 높은 상태라고 할 수 있습니다. 특히 '도망가는' 행동을 하기 쉬운 것은 요인 A가 높은 사람입니다.

멜랑콜리형 우울증 유형은 사회적 역할을 회피하거나 불만을 토로하는 것에 대해 '부끄럽다', '창피하다', '무례하다'는 생각을 하는 사람이라고 할 수 있습니다. 반면 '신세대 우울증' 유형은 이러한 행동에 대한 '부끄러움'의 인식이 부족하고, 자신을 탓하기보다는 "상대가 잘못했어!"라고 남을 탓하고, 불평불만을 품기 쉬운 유형입니다.

은둔형 외톨이 – 생활 속에서 벗어날 수 없다.

다음은 큰 사회문제가 되고 있는 '은둔형 외톨이(히키코모리)'에 대해 '도피(도망)'의 관점에서 바라보고자 합니다. 은둔형 외톨이를 '사회로부터의 회피'로 본다면 그들은 '도망치는 사람'의 전형적인 예라고 해도 과언이 아닐 것입니다. 제가 예전에 발표한 논문에서 소개한 은둔형 외톨이의 전형적 사례 중 하나를 제시해 보겠습니다.

24세 무직 남성 M씨

주 호소 (부모님) 계속 방에 틀어박혀 있다.

  (본인) 모르겠어요.

개인력 M씨는 외동 아들로 두 개의 침실이 있는 도심의 아파트에서 부모님과 함께 살았습니다. 초등학생 때까지는 특별히

발달에 문제가 있다는 지적을 받은 적이 없었습니다. 중학생 시절에는 학교를 자주 결석하고 또래 친구들과 어울리지 않게 되었는데, M씨는 그 이유에 대해 초등학교 시절 경험한 따돌림 때문이라고 말했습니다. 성적은 중상위권이었으며, 졸업 후 지역 중위권 성적으로 입학할 수 있는 대학 공과대학에 진학했습니다. 대학 3학년 때(21세) 특별한 이유 없이 대학을 중퇴했습니다.

가족력 특이사항 없음

현 병력 대학 자퇴 후 3년 동안 M씨는 하루 종일 방에서만 생활하고 있습니다. 매일 식사는 어머니가 그의 방 앞에 음식을 차려 놓습니다. 밤낮이 뒤바뀐 채 인터넷 서핑, 인터넷 채팅, 만화, 비디오 게임 등으로 시간을 보냅니다. 부모님의 권유에도 불구하고 여전히 학교에 가거나 일하는 것을 거부하고 방에서 나오지 않고 있습니다.

일 년 정도 전부터 부모님이 M씨를 여러 병원에 찾아다니며 우울증 진단을 받기도 하고, 조현병 의심 진단을 받기도 했습니다. 신경심리검사상 인지 기능 이상은 없었고, 뇌파 및 뇌 MRI 영상 검사에서도 뚜렷한 이상 소견이 발견되지 않았습니다. 항우울제, 항정신병약 등 약물치료를 시도했지만 효과가 없었습니다.

초진 시 증상 여전히 은둔형 외톨이인 아들을 어떻게 해야 할지 몰라 M씨와 새로운 정신건강의학 의사인 제 진료실로 찾아왔습니다. 그는 부모님의 눈치를 보긴 하지만, 예의 바르게 서

프롤로그에서 소개한 I씨(8050 사례)도 역시 은둔형 외톨이인 50대입니다. 불편한 회사에서 '도망친' 것을 계기로 은둔형 외톨이 생활을 하고 있지만, '도망치면 지는 것'이라고 할까요? 도망쳤다고 해서 인생이 좋아진 것은 아닌 것 같습니다. '은둔형 외톨이'는 '제대로 도망치지 못하는' 삶의 최종 형태라고도 볼 수 있습니다.

당신은 어느 정도까지의 은둔형 외톨이가 되어 있습니까?

제 연구실에서는 은둔형 외톨이 정도를 스스로 평가할 수 있는 자가설문척도를 개발하고 있으며, 이를 통해 당신의 최근 한 달 간의 은둔형 외톨이 정도를 알 수 있습니다. 2021년에 개발했지만 아직 엄격한 절단점 값(몇 점 이상이면 은둔형 외톨이로 진단)은 정의하지 않았습니다. 현재로서는 20점 이상이면 은둔형 외톨이 위험군/40점 이상이면 상당히 위험한 상태(고위험군)라고 판단됩니다.

이 설문은 세 가지 요인 'A: 고립 Isolation', 'B: 사회화 Socialization', 'C: 정서적 지원 Emotional Support'으로 구성되어 있습니다. 특히 '고립' 정도가 높으면 물리적으로 은둔형 외톨이에 가까운 상태라고 보는 것이 좋습니다. 이 상태가 지속되면 정말로 은둔형 외톨이가 될 수 있으므로 주의가 필요합니다.

'사회화' 및 '정서적 지원'은 은둔형 외톨이를 조장하는 요인으로 볼 수 있습니다. 안심하고 상담할 수 있는 곳이 없는 상황에 놓여 있는 것 같습니다. 마음 둘 곳이 없는 사람들입니다. 혹은 애초에 도피처를 만들기를 잘 못하는 것일 수도 있습니다. 이런 분들은 '도망치면 지는 것'으로 이어지기 쉽습니다.

최근에 저는 '신세대 우울증'과 '은둔형 외톨이'는 밀접한 관계가 있다고 생각합니다. 장기적으로 은둔하는 케이스의 경우, 은둔 초기 혹은 은둔 직전의 상황을 알기는 어렵지만, 적지 않은 은둔자들이 현재 거주지에서의 스트레스 증가 → 힘들어서 '도망' → 도망쳐도 호전되지 않는 상황의 장기화 → '은둔'이라는 경로를 거쳐서, 몇 년, 몇 십 년의 은둔형 외톨이 생활에 빠지게 됩니다.

즉 '신세대 우울증'은 '은둔형 외톨이'의 관문 장애(gateway disorder, 시작점; 전구 단계)인 것입니다. 이 책의 5장에서는 서투른 탈출법이 아닌 능숙한 탈출법을 익혀 신세대 우울증과 은둔형 외톨이를 예방하고, 은둔 장기화를 방지하는 방법을 알려드리고자 합니다.

도망치지 않는 마음은 아름답다. 그것은 우리 현대인에게 있어서는 진리라고 해도 좋을 것 같습니다. 일반적으로 도망치지 않는 마음이야말로 '미덕'으로 이야기되는 것입니다. 또한 거기에는 미덕으로 여기고 싶은 우리가 있습니다.

얼마 전 헬스클럽에 가서 TV에 눈을 돌리니 고등학교 야구 준결승전이 방영되고 있었습니다. 중반이었는데, 이미 10점 이상 차이가 나고 있었습니다.

카메라는 패배하고 있는 팀 벤치에 고뇌에 찬 표정으로 앉아 있는 선수가 보입니다. 상상일 뿐이지만, 저는 '아마 저 선수가 대량 실점을 당한 투수일 텐데, 힘들 텐데, 도망가고 싶을 텐데 참을성 있게 버티고 있구나, 대단하다. 대단한 멘탈의 소유자구나, 정말 대단하다'라고 생각했습니다.

카메라맨은 우리가 감동하는 포인트를 잘 알고 있는 것 같았습니다. 압도적인 패배 속에서도 도망치지 않는 그의 모습을 비춤으로써 관객들에게 감동을 전하고 싶었던 것 같습니다. 이처럼 도망치지 않는 마음은 아름다운 것입니다.

앞 장에서 보았듯이 '멜랑콜리형 우울증'의 사람은 '도망가지 않는' 사람입니다.

그들은 무엇으로부터 도망치지 않느냐 하면…… '사회적

역할'로부터 도망치지 않는 것입니다. '나는 ○○회사 ○○입니다', '나는 ○○반 담임입니다'라는 직책에 얽매여 꼼짝도 못하고, 주위의 눈치를 보며 끌려가서 진료를 받는 것이 앞 장에서 소개한 사례의 체육교사 K씨입니다.

'멜랑콜리형 우울증'이 양산된 것은 쇼와 초기의 전후 시대[6]라고 할 수 있는데, 그런 시대에는'사회적 역할'이 매우 중요한 의미를 가지고 있었습니다. 훌륭한 사회적 역할을 다하는 것이 살아가는 데 있어 중요하게 여겨졌습니다.

전쟁의 소용돌이 속에서 대다수 국민들이 '나라를 위해 헌신한다'는 역할 의식을 가졌을 것으로 상상됩니다. 이런 마음을 갖지 못한 국민은 국민답지 못하다는 이유로 가혹한 처분을 받았을지도 모릅니다. 끝까지 항전하는 특공대는 나라를 위해 도망치지 않고 싸운 용감한 전사로서 우리의 마음속에 그려져 있습니다.

즉, '도망치지 않는 마음'을 미덕으로 느끼는 우리의 멘탈리티(정신력). 그 원인 중 하나로 오랜 세월 동안 이어져 내려온 전쟁의 영향이 있을지도 모릅니다.

---

6 쇼와시대: 20세기 일본의 연호의 하나로, 쇼와 천황의 재임기간에 해당하는 1926년 12월 25일부터 1989년 1월 7일까지로, 일본 역사상 최장수 연호로 기록되었다. 정치, 경제, 외교, 문화 등을 보면 제2차 세계 대전, 태평양전쟁을 일으킨 후 패전하여 1945년 9월 2일 포츠담 선언 서명(제2차 세계 대전 종전) 또는 1947년 5월 3일 일본국 헌법의 시행을 계기로 하여 국가 형태는 전혀 다르다. 1945년 이전의 쇼와 시대(1927년 ~ 1945년)는 천황을 기축으로 하는 파시즘 시대의 "일본 제국"이며 일본 제국이 해체된 1945년 이후의 쇼와 시대(1945년 ~ 1989년)는 일본국 헌법과 미일 안보 조약을 기축으로 하는 냉전 시대의 "일본국"이다.
전후 일본: 제2차 세계 대전 이후 일본은 다른 국가들에 비해 빠른 경제성장을 이루었다. 이를 "일본의 기적"이라고 부른다. 일본의 경제성장은 1973년 1차 오일쇼크와 국제 무역의 불안정으로 인해 약화되었다.

다만, 여기서 주목해야 할 점은 항상 언급되는 이야기들만 전승되는 것은 아니라는 점입니다. 말로, 구전되지 않더라도 전승되는 멘탈리티도 있습니다. 사실 말로 전승되지 않았기 때문에 마음속에 뿌리깊게 전승되었을 지도 모릅니다..

그렇지만, 이 책에서는 굳이 '도망치지 않는 것이 미덕이다'는 말로 표현해 보았습니다. 더군다나 말하지 않은 마음을 말로 표현함으로써, 그 말이 가꾸고 다루어져 새로운 전승의 방식이 만들어지기를 이 책에서는 기대하고 있습니다.

개인적인 일인 딸의 고등학교 입학식 참석을 위해 반나절이지만 오랜만에 병원에 유급휴가를 냈습니다. 큰 강당에서 진행되었는데, 코로나 사태로 인해 가족 한 명만 참석이 허용되어 몇 가지 사정이 겹쳐서 아빠인 저만 참석하게 되었습니다.

저는 '5분의 1 정도는 아빠가 참석하겠지' 라고 기대했는데, 막상 가보니 딸의 반 학생들 가운데 아빠 참석자는 저를 포함해 단 두 명뿐이었습니다. 이런 행사에 엄마가 아닌 아빠가 평일 낮에 쉬는 것은 아직 우리 사회에서 흔치 않은 일인지도 모릅니다. 그 사실을 알 수 있는 경험이었습니다.

'휴가'이라는 행위는 '소속된 조직(회사, 학교 ......)에서 도망친다'는 식으로 주변에서 부정적으로 생각하기 쉬운, 그런 풍조가 남아있기 때문일지도 모릅니다. 물론 아빠가 육아휴직을 신청할 수 있게 되는 등 사회는 변화하고 있지만 말입니다.

해외 연구자들과 어울리면서 새삼스럽게 느낀 것은 우리는 쉬지 않는(쉬지 못하는) 국민이라는 겁니다. 서양 친구들은 부러울 정도로 장기 휴가를 많이 가는데, 여름에 한 달씩 휴가를 가는 것이 일반화되어 있는 것 같습니다. 여름에 한 달간 휴가를 가는 것은 그들에게는 지금도 평범한 일입니다. 일주일만 쉬어도 '돌아오면 주변에서 어떻게 생각할까?' 하고 걱정스럽게 생각하는 저와는 큰 차이가 있습니다.

이러한 마음은 저만 느끼는 것이 아니라, 우리들이 널리 공유하고 있는 감정이 아닐까 싶습니다. 우리의 마음 속에는 직장을 떠나는 것, 나아가 직장을 빠지는 것에 대한 죄책감이 있는 것 같습니다.

2장

도망칠까?
도망치지 말까?

　도망칠 지, 도망치지 않을 지 판단하는 것은 정말 어려운
일입니다.

　어떤 사람이 자신과 물리적으로 멀어진다고 가정해 봅시
다. 그때, 떠나는 사람을 어떻게 판단할까요? 어떤 사람은 아
무 생각 없이 '아, 저 사람 어디 가는구나' 라고 생각할 것입니
다. 또 다른 사람은 "드디어 둥지를 떠날 때가 되었구나, 다행
이다" 라고 말합니다. 또 다른 사람은 "저 녀석, 나한테서 도망
쳐 버렸네"라고 말하기도 합니다.

　즉, 우리 자신과 물리적으로 거리가 멀어지는 상대를 '도
망간다'고 판단할 것인지, '둥지를 떠난다'고 볼 것인지는 우
리 자신의 마음이 결정합니다. 이렇게 '사람과 사람 사이에 떠
오르는 (서로 다른) 생각' 같은 것을 전문용어로 '간주관(間主観,
intersubjectivity)'이라고 부르기도 합니다.

이번 장에서는 '나와 상대방의 관계'를 이해할 수 있게 되면 어떻게 되는지 조망해 보겠습니다. 독자 여러분의 '도망가는 센서'가 업그레이드되기를 기대합니다.

나와 너의 마음의 거리

먼저 사람과 사람 사이의 물리적 거리와 심리적 거리에 대해 생각해 봅시다.

S씨와 T씨라는 두 사람이 있습니다. 지금까지 S씨와 T씨는 같은 거리 범위 내에서 생활하고 있었다고 가정해 봅시다. 예를 들어 갓 태어난 아기와 엄마는 하루 종일 몇 미터 이내의 거리에서 생활하고 있겠죠? 극단적인 비유이지만, 지금까지 S씨와 T씨는 10m 범위 내에서 생활하고 있었다고 가정해 봅시다. 어느 순간 S씨는 정점에 서 있고, T씨는 S씨로부터 5미터 더 떨어진 곳으로 물리적으로 이동했다고 가정해봅시다. 즉, S씨와 T씨의 거리가 15m가 된 것입니다.

이때 S씨는 어떤 심리적 경험을 하게 될까요? 정점에 있는 S씨의 심정을 생각해 보세요. T씨는 왜 S씨와의 물리적 거리를 5m나 늘린 것일까요? S씨와 T씨는 이 과정을 통해 다양한 정서적 경험을 하게 되는 것입니다. AI나 로봇처럼 'T씨와 5미터 더 떨어져 있다' 라고 무덤덤하게, 감정 없이 체험할 수 없는 것이 우리 인간인 것입니다.

예를 들어, 학교를 생각해봅시다. S씨 = 학교 담임교사, T씨 = 반 학생이라고 가정해봅시다. 여기서 S선생님과 T학생의 물리적 거리가 5m 멀어졌다는 것은 '졸업했다'는 사건에 비유할 수 있습니다. 이때 S선생님은 "T군, 냉정하게 말해서 대학에 합격하고 졸업해서 다행이구나, 분명 건강하게 살고 있겠지"라고 안도하는 경험을 할 수 있습니다. 혹은 "T군, 시험에 실패해서 재수하게 된 것 같은데, 괜찮을까? 먼 곳에 있는 학원 갔는데, 기숙사 생활에 늦잠만 자고 있는 건 아닐까? 누가 제대로 깨워줄 사람이 있을까?"라는 걱정을 품고 있을지도 모릅니다.

한편, T씨는 어떤 마음을 품고 있을까? 시험에 합격해 대학에 진학한 T씨라면 "S선생님의 지도 덕분에 졸업할 수 있었습니다. 선생님, 감사합니다. 다음에 고향에 돌아가면 동네의 맛있는 명물 과자를 선물로 가져갈게요."라고 S선생님과의 경험을 가슴 속 따뜻한 추억으로 간직하고 있을지도 모릅니다.

시험에 불합격한 T씨라면 이렇게 생각할지도 모릅니다. "S선생님, 너무 엄격하셨어요. 격려는 해주셨지만, 결국은 저를 싫어하셨던 거잖아요. 지금은 졸업하고 S선생님과 헤어질 수 있어서 안심이 돼…그런데 이 재수생 생활이 언제까지 계속될까? 합격할 때까지는 고향으로 돌아가고 싶지 않고, S선생님도 만나고 싶지 않고… 만나면 또 혼날 것 같고… 벌써 이런 경험, 지긋지긋해."라는 식으로 S선생님에 대해 부정적인 감정을 품고 있을지도 모릅니다.

즉, 여기서 중요한 것은 물리적으로는 두 사람 사이의 같은 거리의 변화일지라도, 두 사람 각자의 마음 속의 경험(주관적 경험)은 누구와 누구 사이에 있느냐에 따라 천차만별이라는 것입니다. 그리고 많은 경우 S씨의 주관적 경험과 T씨의 주관적 경험은 다를 수 있습니다.

S씨와 T씨가 주관적으로 완전히 동일한 경험을 한다는 것은 사실 불가능합니다. 그럼에도 불구하고 우리 인간은 '상대방은 나와 같은 생각을 하고 있다'고 생각하기 쉽습니다. S씨의 주관과 T씨의 주관 사이의 상호관계를 앞서 언급했듯이 '간주관'이라고 합니다. 여기서는 '간주관적' 경험으로 '도망가기'를 생각해 봅시다.

선생님에게서 도망치지 않는 아이들

방금 전 S선생님과 T학생, 어떻게 생각하시나요?

독자 여러분은 자신의 졸업을 되돌아보시기 바랍니다. 당신이 품고 있던 담임 선생님과의 어이없는 졸업식이나 졸업 후 에피소드 같은 것이 있나요? 잠깐 떠올려보세요. 선생님을 존경했던 사람이라면 '졸업식 날, 선생님과 헤어지는 것이 힘들었다'는 경험을 했을 수도 있고, '어서 빨리 그 선생님에게서 벗어나고 싶었다'며 졸업식을 마치고 '도망칠 수 있는 날'을 기다리며 학교 생활을 했던 사람도 있을 겁니다.

저는 90년대 초반에 고등학교 시절을 보냈는데요, 이 무렵, 오자키 유타카라는 가수가 젊은이들 사이에서 넘치는 카리스마로 큰 인기를 얻고 있었습니다. 학교생활과 수험공부의 울분을 풀기 위해 기숙사 생활을 함께하던 친구들과 함께 기숙사를 빠져나와 가라오케에 가서 《열다섯의 밤》이나 《졸업》을 열창했던 기억이 지금도 아련히 떠오릅니다.

학교 건물의 그림자 잔디밭 위로 스며드는 하늘
환상과 현실의 느낌을 느꼈다
-중략-

사람은 아무도 묶여 있지 않다 어린 양이라면
선생님, 당신은 어른들의 대변자인가요?
우리의 분노 어디로 향해야 하는가?
이제부터는 무엇이 나를 옭아맬까

-중략-

아무도 눈치채지 못한 채로 자유롭게
고군분투의 나날도 끝이 난다

이 지배로부터의 졸업

투쟁으로부터의 졸업

《졸업》[1985년-노래·작사·작곡: 오자키 유타카].

어떻습니까? 오자키 유타카에게 졸업이란 '지배/속박/투쟁의 세계로부터의 탈출, 그리고 자유의 세계로 가는 문'이었을 것입니다. 제가 고등학교 2학년 때 오자키 유타카는 세상을 떠났습니다. 이 노래가 만들어지고 삼십여 년이 지났지만, 지금도 《졸업》은 오랫동안 사랑받고 있으며, 우리의 마음 속에 잊고 있던 무언가를 다시 불러일으키고 있습니다.

이 가사에도 '선생님 당신은 어른의 대변자인가?' '선생님'이라는 문구로 '선생님'이 등장합니다. 우리에게 학교라는 장소, 그리고 학교에서 가르치는 어른인 '선생님'이라는 인물은 특별한 존재입니다.

프롤로그의 사례1에서 A씨(동아리 활동 사례), 담임이자 동아리 지도 교사였던 선생님의 권유에 따라 야구부에 들어가 만년 후보선수이지만, 마지막 학년이 되어도 '노력은 반드시 보상을 받는다'는 선생님의 말을 무심코 믿고 야구공 줍기만 하는 방과 후 생활이 계속되고 있습니다. 계속하고 있는 배경에는 오자키 유타카가 《졸업》이라는 노래로 전하고 싶었던 학교의 '지배'와 '속박'이 존재하고 있는지도 모르겠습니다.

　최근 들어 교실에 가만히 앉아 있지 못하는 아이들이 화제가 되고 있습니다. 이들은 교실 안에서 가만히 앉아 있지 못하고 금세 일어나 교실을 뛰쳐나가기도 합니다.

　지금이야 이런 아이들은 '발달장애가 아닐까?', 'ADHD가 아닐까?'라는 잣대를 가지고 이해하고 지지적인 관계를 맺을 수 있는 시대가 되어가고 있지만, 쇼와 시대에는 이런 아이들은 아마 선생님으로부터 '왜 교실에 가만히 있지 못하냐! 교실 밖으로 나가서 벌서라!' 라고 호되게 꾸지람을 듣기도 하고, 교실 밖으로 나가서 도망치면 '어딜 도망가? (도망치면 안돼)' 라고 쫓아다녔을 것입니다. 매를 맞거나 일어나지 못하도록 끈으로 묶인 학생도 있었을 것입니다. 쇼와 시대의 학교는 '도망치는 것'에 관대하지 않은 장소였습니다.

3장

도망치지 않는
마음의 정체

지금까지의 장을 통해 '도망치기'를 조망하는 것이 얼마나 중요한지 알 수 있었을겁니다.

독자 여러분도 이미 눈치 채셨겠지만, '도망치지 않는 것이 아름답다'거나 '도망치는 것은 나쁜 것'이라는 것은 우리 마음이 마음대로 결정한 것입니다.

그래서 이번 장에서는'도망치지 않는 것이 아름답다'는 편협한 생각에서 벗어나 '도망칠까? 도망치지 말까?'의 갈등과 고뇌에서 조금이나마 해방되어 '도망을 잘 치는 사람' 이 될 수 있도록 돕고자 합니다.

도망가는 것과 도망치지 않는 것의 갈등을 알아차리다.

정신건강의학과 의사로서 매일 외래에서 임상 진료를 하다 보면 가정 내 폭언과 폭력에 시달리는 환자나 그 가족들의 목소리를 자주 듣게 됩니다. 그런 분들의 이야기를 들어보면 공통적으로 '도망'이라는 의식과 '도망칠까 말까'라는 갈등이 혼재되어 생각과 행동이 마비되어 있는 것처럼 보입니다.

한 '은둔형 외톨이' 자녀를 둔 부모는 지친 표정으로 다음과 같이 말했습니다 – "『은둔형 외톨이 지원 책자』를 보면 '부모는 아이와 정면으로 당당하게 맞서야 합니다 !'라고 적혀 있습니다. 그래서 아들이 폭언을 하든 폭력을 휘두르든 몇 시간이라도 견디고 있습니다" 라고 말했습니다. 저는 머릿속 속에서 '왜 도망가지 않는 걸까?' 라는 생각이 들었습니다. '도망칠까?'라는 의식이 마비된 것처럼 느껴졌습니다.

여기서는 먼저 '도망친다'는 것을 의식화해 보는 것을 추천합니다.
앞 장에서 말씀드렸듯이 도망치기 행동은 물리적으로 상대와 '거리두기'를 하는 것 외에 심리적으로 어떤 양념이 가미된 것입니다.

물리적으로 떨어져 있는 것이 어떤 심리적 반응을 동반하는지 정리하는 것부터 시작해봅시다.
앞서 말한 '은둔형 외톨이'의 부모는 왜 도망치는 행동을 하지 않고 계속 머물면서 폭언과 폭력을 받아들이게 된 것일까요? 거기에는 본인은 의식하지 못하는 (혹은 의식할 수 없는) 다음과 같은 마음 속 깊은 곳의 인식(사고방식)이나 정서(감정)가 꿈틀거리고 있을지도 모릅니다.

"도망치면 점점 더 폭언/폭력이 확대되는 것 아닌가?" - 두려움

"아이가 나를 바라보게 되었는데, 도망치는 건 부모로서 실격이다. 지금이야말로 훌륭한 부모로서의 모습을 정면으로 보여줘야 한다!" - 자존심 (위엄을 지키고 싶고, 체면을 지키고 싶은 마음)

"지금까지 마주하지 못한 것, 미안하다... 내 탓에 아들이 은둔형 외톨이가 된 것 같다... 어렸을 때 더 많이 관여했더라면... 지금 이야말로 기회가 다시 주어진다면…"- 후회/죄책감

"다른 가족에게까지 폭언과 폭력이 퍼지는 것을 내가 희생해서라도 막아야 한다!" - 정의감

어떻게 생각하시나요? 도망치지 않고 그저 폭언과 폭력에 노출되어 온 부모님의 태도 저변에는 다양한 마음이 움직이고 있을 가능성이 있다는 것을 알 수 있습니다. 제 외래에서는 조금씩이지만, 이러한 부모님이 스스로 의식하기 어려운 마음에 초점을 맞추어 '왜 지금 도망치지 않는 거야?'라는 행동의 배

후에 있는 마음에 대해 시간을 들여 다루어 갑니다. 그러나 제가 이러한 배후의 마음에 대해 초점을 맞추려고 해도 큰 저항이 일어나는 경우도 드물지 않습니다 - "왜 도망쳐야 하나요?", "선생님은 끔찍해요. 너무 차가워요!"라고 되묻기도 합니다.

왜 이런 저항이 일어나는 것일까요?

사실 '고민하거나 갈등을 품는 것은 좋지 않다'고 생각하는 사람들이 많습니다. '어른이 된다는 것은 고민이나 갈등이 없고, 한 줄기의 일관된 사람이 되는 것이다'라고 가정과 학교에서 들으며 자란 사람들에게 '고민하고 갈등하는 사람은 나약한 사람, 미성숙한 사람, 어린애'와 같은 이미지를 갖게 되는 것은 어쩔 수 없는 일입니다.

이 책에서 제가 전하고 싶은 것은 '고민 갈등을 품을 수 있게 되는 것이 하나의 돌파구다'라고 볼 수 있습니다. 고민하고 갈등을 갖는다는 것은 어린 것 같고 '못났다'거나 '쿨하지 못해'라는 것처럼 보일 수 있습니다. 하지만 우리처럼 마음 돌봄을 생업으로 하는 사람 입장에서 보면, 인간이라는 존재는 누구나 '고민'과 '갈등'을 평생 안고 살 수밖에 없는 존재입니다. 어른이 되었다고 해서 고민과 갈등이 없는 인간이 되는 것은 그리 쉬운 일이 아닙니다.

저도 마찬가지입니다. 지금도 대학에서 뇌과학이라는 생물학적 연구를 하는 한편, 그 반대라고 할 수 있는 정신분석

임상을 하는 각기 다른 정반대의 영역을 두 발로 뛰고 있는 셈입니다. 이런 인생은 갈등의 연속입니다. "어느 쪽도 아닌데", "이제 어느 한쪽에 정착해라!" 라는 목소리가 환청처럼 들리지 않을 때가 없는 날들이지만, 그럼에도 불구하고 '어정쩡하게' 계속 고민하며 갈등의 늪에 빠져 있습니다.

독자 여러분, 여러분도 분명 적지 않은 '고민'과 '갈등'을 가지고 있을 거라고 생각합니다. "나는 절대 갈등 따위는 없습니다!"라고 주장하시는 분도 계실지도 모르겠습니다. 그렇다면 왜 이 책 『도망쳐도 괜찮아』라는 이상한 제목의 책을 구매하여 손에 쥐고 계신 것일까요? 거기에는 당신이 매일 느끼고 있는, 갈등이 없다고 단언하는 당신과는 조금 다른, '지금 세상에서 도망치고 싶은' 당신을 만나고 싶은, 그런 당신이 어딘가에 있기 때문이 아닐까요?

갈등이란 내 마음의 속에 여러 개의 자아가 공존하는 상태입니다. 지금까지 도망쳐 본 적이 없는 당신은 자신이 '도망치고 싶은 마음을 가지고 있는 것'을 보는 것에 처음에는 큰 저항을 보일 겁니다. 그러나 점차 '도망치고 싶은' 마음을 자각할 수 있게 되고, 그러다 보면 결국에는 마음 속에서 도망치고 싶은 마음을 품을 수 있게 될 것입니다.

마음 속 깊은 곳의 배우들

우리 인간의 마음 속에는 실로 다양한 배우들이 동거하고 있습니다. 정신분석이라는 '무의식을 다루는 마음의 치료'를 창시한 지그문트 프로이트[1856-1939] 선생은 인간의 마음 속에는 자각할 수 있는 '의식'뿐만 아니라 눈에 보이지 않는 '무의식'이 존재한다는 것을 발견했습니다. 프로이트는 '무의식' 속에 '자아(ego)', '이드(id)', '초자아(superego)'라는 세 명의 배우가 있으며, 그 무의식적 배우들이야말로 우리의 언행을 통제하고 있다! 라고 제창했습니다.

'자아'는 쉽게 말해 의식에 가까운 곳에 있는 '나(I)'를 말합니다.

'이드'은 무의식적인 수준에서 인간을 움직이는 본능, 욕구, 충동을 말합니다. '저걸 갖고 싶다', '이걸 보고 싶다', '저기 가고 싶다'와 같은 강한 욕구라고 할 수 있습니다.

그리고 '초자아'는 무의식적 차원에서 자제를 촉구하는 엄격한 사령탑으로, 이른바 윤리관·도덕관의 초석으로도 작용합니다. "저런 비싼 거 사면 안 돼!" "아직 네 나이에 이런 거 보면 안 돼", "코로나 때문에 외출하면 안 돼." "마스크 벗으면 안 돼!" 등 무의식에서 나오는 자제의 목소리입니다. 죄책감의 원천이기도 합니다.

프로이트에 따르면, 무의식에 깃들어 있는 '이드' '초자아'와 그 양쪽에 끼어 있는 '자아'는 어린 시절의 경험과 체험에 의해 형성됩니다.

정신분석이 다루는 무의식의 내용은

(이드, 초자아 갈등-자아의 고민)

우리 인간은 의식적으로는 '이렇게 하자', '저렇게 하자'라고 '자아' 수준에서 생각하지만, 실제 의사결정이나 행동은 '이드'나 '초자아'와 같은 무의식적 욕구에 의해 수정(왜곡)되어 결과적으로 '이렇게 해버렸다', '저렇게 해버렸다', '너무 많이 해버렸다', '또 할 수 없었다'라는 식으로, 인간 냄새나는 행동을 하고 나서 후회하게 되는 것입니다. 물론 가끔은 '이드'의 힘에 따라 행복감을 느끼거나 쾌감을 얻기도 합니다.

좀 더 구체적인 예를 들어보겠습니다.

매번 그렇지만, 저는 몇 개의 원고 마감에 쫓겨 지금도 머리를 싸매고 있습니다. 즉, 지금 이 순간에도 내 마음 속에서는 "오늘 밤에는 원고를 쓰자", "내일까지 마무리하자"라는 '자아'에 대해 "오늘은 일에 지쳤으니까, 내일도 있겠지", "오늘 밤은 중요한 월드컵 한일전이다! 응원할게!"라고 나를 한밤의 세계로 유혹하는 '이드'와 "왜 아직 완성하지 못했어! 이미 오래전에 마감일을 넘겼잖아, 아니야! 축구 볼 때가 아니잖아!"라고 비난하는 '초자아'가 꿈틀거리고 있고, 나(I)라는 '자아'는 고뇌의 상태에 빠지게 되는 것입니다. 결국 자아는 이러한 이드와 초자아로 구성된 무의식의 목소리에 크게 영향을 받으면서 일상적인 의사결정을 하고 있는 것입니다.

정신분석에서는 누구에게나 이드와 초자아라는 무의식적 배우가 존재한다고 가정합니다. 그림과 같이 "이런 곳에서 도망쳐서 놀러 가고 싶다!"라는 이드와 "도망치지 마. 도망치면 안 돼! 도망치는 건 꼴불견이야!"라고 질책하는 초자아가 있습니다. 질책하는 초자아와 충동적인 이드 사이에 끼인 자아는 "어쩌지……"라고 도망치지 못하고 계속 머물러 있는 것입니다. 프롤로그에서 바라본 사례들의 등장인물들이 '도망칠 수 없는', 그 마음 속 깊은 곳에서 이러한 무의식의 배우들이 꿈틀거리고 있는 것입니다.

이러한 자아-초자아의 형성은 어린 시절의 경험과 체험에 의해 형성된다고 말씀드렸습니다. 즉 우리 각자가 태어나고 자란 가정과 학교, 그리고 그 지역의 풍토와 그 나라의 문화사회에 큰 영향을 받습니다.

요즘은 바뀌고 있긴 하지만, 대체로 서양인은 개인주의, 우리를 포함한 아시아인은 조화를 중시하는 집단주의라고 합니다. 이러한 원리 · 주장 방식에도 우리의 이드 · 초자아가 큰 영향을 미치고 있습니다.

프롤로그에서 소개한 40대 엘리트 중견관리자, C씨(사회인 사례). 그는 어디에서도 도망치지 않고 기업 전사로 계속 달리고 있습니다. 정신분석 이론에 비추어 보면, 그의 무의식 속에도 '도망치고 싶은' 배우가 존재하고 있습니다.

물론 그는 마음 속 깊은 곳에서 비명을 지르고 있는 '도망치고 싶다'는 무의식적 목소리의 존재를 알지 못합니다. '나는 도대체 무엇을 하고 있는 것일까 …… '라는 공허함만이 그가 유일하게 스스로 느낄 수 있는 '도망치고 싶은' 마음의 조각인 것입니다.

정신분석에서는 이 '공허감'을 발판으로 삼아 공허감의 정체를 깊이 파고들면 '도망치고 싶은' 마음의 이드 군과 '도망치지 말라'는 초자아 군을 발견하고, 자아 군은 그들과 대화를 시작합니다.

C씨는 '집단주의를 좋게 여기는' 전형적인 동양적 환경에서

태어나고 자랐으며, 집단 행동에 의한 성공 경험을 C씨 자신이 쌓아가는 가운데, '집단의 내부'라는 세계에 푹 빠져 '집단에서 벗어난' 세계를 상상하기 어려워진 것 같습니다. 공허감만이 집단에 속해 있는 것의 한계를 알려주는 알람(경보)인데, 지금의 그에게 '공허감'은 이 또한 품어서는 안 되는, 지워버리고 싶은 마음이 되어버린 것 같습니다.

예전에 저는 규슈 대학교의 남학생들이 피험자가 되어 '신뢰 게임'이라는 사회심리 실험을 한 적이 있습니다. 신뢰게임은 상대방을 신뢰하기 쉬운 사람일수록 상대방에게 더 많은 돈을 제공한다는 2인 1조 경제 거래 게임입니다.

이 실험에서 흥미로운 결과가 나왔습니다. 강압적인 남성 상대방에 대해 피험자가 얼마나 돈을 내놓는지 측정해 보았습니다. 성격 성향 중 하나인 '협동성'이 높은 사람일수록 상대가 무서운 얼굴임에도 불구하고 많은 돈을 내밀었습니다. 불협화음을 낼까 봐, 또는 '모난 돌이 정 맞는다' 등 NO 라고 말하지 못하는 우리들은 호감이 없는 상대에게도 자기도 모르게 애교 섞인 웃음을 지으며 호의를 베푸는 행동을 하기 쉽습니다.

이 실험 결과를 접하고 저는 '대단한 결과가 나왔어, NO라고 말할 수 없는 현대인의 행동패턴을 과학적으로 증명하는 데이터일지도 몰라!'라고 생각했습니다. 이 결과를 정신 분석학적으로 설명하면 다음과 같습니다.

내심은 상대가 위협적이고 못마땅하지만, '화합을 중요시 해라', '친절해라!'라는 초자아의 목소리에 끌려서, 상대방을 신뢰하는 것처럼 행동하고, 고액의 돈을 건네고 도망치려 하지 않습니다.

이러한 성격에 따른 행동의 반복을 정신분석학에서는 '반복강박'이라고 부릅니다. 어린 시절 부모나 가까운 사람과의 경험이 마음 속에 새겨져 있다가 성인이 되어서도 그때의 모습이 떠올려지는 상황이 되면 그때의 경험이 무의식적인 수준에서 떠올라 반복되는 현상입니다.

즉, 이번 장의 첫머리에 소개한 은둔형 외톨이 아들의 폭언과 폭력에서 결코 벗어나지 못한 부모의 마음 속 깊은 곳 세계에는 '도망칠 수 없는' 초자아라는 배우가 숨어 있습니다. 프롤로그의 C씨도 분명 그렇습니다.

물론 이러한 무의식적 배우를 알아차리는 것은 쉬운 일이 아닙니다. 정신분석가 밑에서 일주일에 4번 이상, 매회 45분 (또는 50분) 동안 소파(카우치)에 누워 자신을 바라보며 천천히 시간을 들여 무의식적 배우를 알아차리고 '도망치는' 것에 대한 이해를 깊게 하고, 나답게 사는 길을 발견하게 됩니다. 살아갈 길을 발견해 가는 것입니다.

이 책은 정신분석 관련 책은 아니지만, 독자 여러분에게도 이러한 정신분석에 기초한 무의식적 자기이해를 심화시킴으로써 '도망칠 수 없는' 세계, 혹은 '도망치면 지는' 세계에서 '도망치면 이기는' 세계로 전환하는 요령을 5장에서 최대한 알기 쉽게 전하려고 합니다.

저의 정신분석학적 안경으로 바라보면 저와 환자분뿐만 아니라 여러분 한 사람 한 사람 마음 속 깊은 곳에도 '도망치고 싶은 나'가 숨어 있을 것입니다. 여러분은 자신의 마음 속에 '도망치고 싶은' 나라는 배우와 '도망치고 싶지 않은 나'를 둘러싼 갈등을 자각할 수 있을까요? 아직은 어려울지도 모르겠습니다.

우선, '도망가기'를 부정적으로만 바라보는 것에서 벗어나 긍정적으로 바라볼 수 있도록 하는 것이 중요합니다.

지금까지의 장에서 언급했듯이 현대 사회에서는 '도망치는' 것이 부정적으로 인식되기 쉽지만, 조금 더 넓은 시야로 세상을 바라보면 부정적인 것만이 아니라는 것을 알 수 있을 것입니다. 이러한 넓은 시야로 사물을 바라보는 것을 요즘 유행하는 말로 '메타 인지'라고 부릅니다.

제가 소속된 규슈대학교 의학 전문 대학원 정신신경과[7]에서는 매주 열리는 의국 컨퍼런스 중 논문 초록 발표회(저널 클럽)를 합니다. 전 세계에서 계속 발표되고 있는 논문 중, 특히 흥미롭고 임상에 도움이 된다고 생각되는 논문을 매회 한 명의 의사가 직접 선정하여 발표하는 시간입니다.

선배, 후배를 막론하고 대부분의 정신과 의사들은 임상 논문이라고 해서 환자를 대상으로 한 연구 논문을 발표하는데, 2년 차 정신과 전공의가 사람이 아닌 동물을 대상으로 한 논문을 발표한 적이 있었습니다. 저널 클럽 주최자인 저는 속으로 "여기는 환자를 대상으로 한 임상 논문을 소개하는 자리야!"라고 주의를 주고 싶었지만, 발언을 자제하고 우선 그의 논문 내용을 일단 들어 보기로 했습니다.

정신과 관련 동물실험은 대부분 쥐나 설치류를 이용한 것이 대부분인데, 그가 소개한 논문에서는 가재가 사용되었습니다. 미국에서는 항우울제를 복용하는 사람이 많은데, '항우울제 성분이 하수구 등으로 흘러 들어가 가재 생태계에 영향을 미칠 수 있다'는 가설을 바탕으로 한 실험 논문이었습니다. 항우울제가 들어간 물 속에서 사육된 가재는 항우울제가 들어있지 않은 물에서 자란 가재에 비해 사람들에게 잘 잡힌다는 결

---

7 일본에서는 정신건강의학과를 정신신경과로 부름

과였습니다.

독자 여러분, 이 결과에 대해 어떻게 생각하십니까?

극단적일지 모르지만, 저는 다음과 같이 생각했습니다. 항우울제를 먹어서 '도망가는 능력'이 약해져서 잡아 먹힌 것이 아닐까?'라고요. 인간 세계에서는 '도망치는 것' = 좋지 않은 것이라고 생각하기 쉽지만, 가재 세계에서는 도망치는 것 = '생존을 위해 필수적인 것' 이라고 생각한 것입니다. 즉, '도망치는 것이 살아남는(이기는) 것'입니다.

가재의 세계뿐만 아니라 동물의 세계에서도 '도망치는 것'은 생존을 위한 필수 조건입니다. 동물들은 진화 과정에서 '도망가는 능력'을 길러왔다고 해도 과언이 아닐 것입니다. 잘 도망칠 수 있는 동물들 만이 살아남을 수 있었던 것이 아닐까요?

인간계에서도 살아남기 위해서는……

인간계에서도 '도망치는 것은 생존을 위해 필수적인 것이 아닌가'하는 생각이 듭니다. 그것을 주장하고 싶어서 저는 이 책을 쓰고 있습니다. 인간도 마찬가지로 '도망치는 것이 이기는 것'입니다. 물론 무작정 '도망치는 것이 좋다'라고 말하고 싶은 것은 아닙니다. 하지만 어떤 국면에서 '도망친다'는 선택과 의사결정을 하는 것이 우리가 살아남기 위해 필요할지도 모릅니다.

정신분석을 창시한 프로이트는 말년에 가까워질 때까지 비엔나에서 개업의로 일하던 유대인이었습니다. 유럽에서 나치의 유대인 박해가 심해지는 와중에 주변에서 "비엔나에 있으면 위험하니 빨리 도망가라"는 말을 계속 들었지만, 비엔나를 너무나 사랑했기 때문인지 고집스럽게 비엔나를 떠나지 않았습니다.

그러나 여든 두 살 때, 드디어 나치가 오스트리아 침공에 나서자 프로이트는 주변의 설득 끝에 파리를 거쳐 런던으로 망명했습니다. 프로이트가 도착한 런던은 프로이트 정신분석의 제2의 성지로서, 현대 정신분석의 거점으로 자리매김하고 있습니다.

만약 프로이트가 끝까지 도망치지 않고 비엔나에 머물렀다면 지금과 같은 정신분석의 발전은 없었을 것입니다. 프로이트가 '도망쳤기' 때문에 '정신분석'은 지금까지 살아남을 수 있었습니다.

도망치는 것은
꽤나 우아하다.

이 책의 전편 [도망치는 것은 쉽지 않다]에서는 '도망치지 않는 것'을 미덕으로 여기고 싶어하는 현대인이 빠지기 쉬운 고전적 우울증 '멜랑콜리형 우울증'과 '도망치는 것은 부끄러운 일'이라는 의식이 희박한 젊은이들을 사이에서 부상하고 있는 '도망치면 이기는 것'으로 간주되는 '신세대 우울증'을 소개했고, '도망치거나 도망치지 않는 것'과 관련된 마음의 속임수(무의식의 갈등)를 소개했습니다.

'도망친다/도망치지 않는다'는 것은 사실 도망치는 자와 도망치게 하는 자의 〈사이의 주관(간주관)〉에 의한 경험이며, 절대적인 가치로 측정할 수 없는 것입니다. '도망쳐라!'라고 힐난할 것인지, '드디어 졸업했으니 축하한다'고 따뜻하게 보내줄 것인지는 나와 당신의 마음 상태에 따라 달라질 수 있습니다.

그리고 중요한 것은 누구에게나 '도망치고 싶은 마음'은 존재한다는 겁니다. '도망쳐서 졌다'인지 '도망쳐서 이겼다'인지는 그 세계를 경험하는 사람들이 결정하는데, 참고로 동물들의 세계는 '도망쳐서 이겼다'가 일반적입니다.

4장

시작

앞으로의 후편에서는 '도망치면 지는' 현대 사회에서 '도망치면 이기는' 방법을 구체적으로 알려드릴 것입니다.

먼저 이 장에서는 '도망을 잘 치는 사람'이 되기 위한 구체적인 비법을 전수하고, 자칭 내가 생각하는 궁극의 도피처를 소개합니다. 우리 각자의 '도피 능력'을 키워서 잘 숨어들어가 보는 건 어떨까요?

이야기하고 풀어버리기-말로 갈등을 해소하다

말하는 것은 마음의 응어리를 풀 수 있는 좋은 해결책입니다.

즉 말로 어떤 사건이나 경험을 말하는 것은 사건이나 경험속 마음의 응어리(마음속 답답함)나 갈등을 풀 수 있습니다.

저는 일주일에 사흘, 정신건강의학과 외래에서 진료하고 있는데, 해마다 환자 수가 늘어나면서 최근에는 오랜 시간 기다리게 하는 경우가 드물지 않아 '환자에게 죄송하다'는 생각이 들 정도로 바쁜 나날을 보내고 있습니다. 하지만 이런 상황 속에서도 많은 환자들은 기다림에도 불구하고 매번, 불평 한마디 없이 『잘 부탁합니다』라고 웃으며 진료실로 들어오고, 짧은 진료시간에도 불구하고 처방전을 건네주면 『감사합니다』라고 감사의 말만 남기고 진료실을 나갑니다.

다만, 드물지만 '이제 못 참겠습니다! 이런 곳, 두 번 다시 오지 않을 겁니다!' 라고 투덜거리며 뛰쳐나가는 환자분들을 몇 번 만난 적이 있습니다. 사실 그런 분들은 의외로 예후(이후 치료 경과)가 좋은 편인 경우도 있습니다. 기다리게 하고, 전혀 나아지지 않는 치료자에 대한 분노를 정면으로 이야기함으로써 마음의 응어리가 풀려 그동안 참아왔던 삶의 방향을 전환할 수 있는 길이 열리지 않았을까?라고 저는 생각하기도 합니다.

독자 여러분 중에 치료하는 상담사에게 이런 말을 건넨 적이 있는 분은 없으신가요? 정신건강의학과 의사는 "선생님!"라고 불리며 존중받는 경우가 많습니다(저는 이런 상황을 '선생님(치료자) 전이'라고 부릅니다). 시험삼아 불만을 직접 '선생님'

에게 직접 투정을 부려보는 것은 어떨까요? 지금까지와는 다른 전개가 되어 치료가 급진전될지도 모릅니다.

도망칠 용기-게임을 마치며

프롤로그의 A씨, 도망가지 않고 계속 공만 줍고 있었습니다. 왜 A씨는 3년 동안 도망치지 않고 만년 후보선수로 동아리 활동을 계속했을까요? 사실 이 A씨와 비슷한 경험을 저 역시 중학교 시절에 겪은 적이 있습니다.

중학교 때 저도 야구부에 소속되어 있었습니다.

시골에 있는 학교라 반 친구들은 대부분 초등학교 시절부터 친구들이었습니다. 남학생은 당연히 운동부 활동을 하는 풍토 속에서 저는 주변 친구들처럼 당시 왠지 모르게 '멋있다'고 생각했던 야구부에 입부했습니다.

만약 운동신경이 좋았다면 야구부 3년을 편안하게 보낼 수 있었을지도 모릅니다. 하지만, 당시부터 '키가 큰 편'이었던 저는 주변에서 기대가 컸을 지 모르지만, 사실 운동신경이 아주 나쁜 편이었습니다. 전봇대처럼 우뚝 솟은 채로 서성이다 보니 수비하다가 공을 놓치는 일이 허다했으며, '키가 크다! 허리가 높아, 자세를 낮춰!', '좀 더 민첩하게 움직일 수 없냐!'라는 소리를 계속 들었습니다(지금도 솔직히 '허리가 높다'는 말이 무슨 뜻인지 모르겠습니다).

그런 저는 대부분의 동급생들이 주전 선수가 된 가운데, 3학년이 되어서도 여전히 후보 선수였지만, '중간에 도망치는 건 멋없어'라는 무의식적인 목소리 때문인지, 그만두지 않고 마지막까지 공만 줍고 있었습니다.

당시 저에게 할 수 없었던 것은, 저에게 공 줍기만 시키는 동아리 고문 선생님과 주장에 대한 분노를 '말로 표출하는 것'이 아니었을까 하고 되돌아봅니다. 애초에 공 줍기만으로 야구가 잘 될 리가 없는데, 그 불합리함을 깨닫지 못했던 내가 있었습니다.

실력의 향상을 위해서는 볼을 줍는 것이 아니라 연습하는 것이 무엇보다 중요했습니다. 하지만 당시 저는 '운동신경이 없다, 야구를 못한다' → '주전 선수가 될 수 없다, 만년 후보 선수, 물방망이' → '자기 긍정감 저하, 멋이 없다' → '이렇게 형편없는 나니까 죄의식으로 공 줍기라도 열심히 해야지'라는 식으로, 지금 생각해보면 끔찍하게도 부정적인 나선형 생각[8]에 빠져 버렸습니다. 그런 제 자신을 깨닫지도 못하고, 생각과 행동이 마비된 채 그저 공 줍기만 하고 있었던 것 같습니다.

내 마음 속 깊은 곳에는 '도망치는 건 멋없어', '도망치는 건

---

8 신경과민의 나선형 구조: 심리조직을 구성하는 영역은 여러 부분으로 나누어져 있으며, 현 영역에서 부정적인 행동을 하면 다른 영역에 영향을 미친다. 걱정과 긴장, 우울증이 더하게 되고 다른 상황 즉, 악순환의 연속 자신감을 갖지 못하게 방해한다. 이 소용돌이 효과를 신경과민의 나선형 구조라고 한다.

나약해!' 같은 도망치는 것에 대한 '부끄러움'도 있었던 것 같습니다.

도망치려면 용기가 필요합니다. 그런 용기를 저는 가지고 있지 않았습니다. 잊을 수 없는 기억이 있습니다. 중학교 3학년이 되어 지역 대회 예선을 치렀는데, 이른바 지면 마지막이 되는 경기였어요.

그해 여름 마지막 경기, 늘 그렇듯 후보 선수로 패배를 지켜보고 있던 저는 9회 말 투 아웃, 2루 상황에서 감독님이 "나와라!"라고 대타로 출전하라는 지시를 받았습니다. …당연히 헛스윙 삼진, 게임 셋.

이러한 30여 년 전 여름의 쓸쓸한 광경을 떠올린 것은 2021년 초여름, 코로나로 인해 오랜만에 열린 학회 출장 중이었습니다.

내가 묵고 있는 호텔 옆에 야구장이 있었는데, 중학생인지 고등학생인지 모를 야구부원들이 대항전을 하고 있어 오랜만에 야구를 볼 수 있는 기회를 얻었습니다. 멀리서 헛스윙하는 타자의 모습을 보고 경기 종료를 알리는 사이렌 소리를 들었을 때, 저 자신의 열 네 살 여름의 기억이 되살아났습니다.

그 해 여름, 경기가 끝나고 열심히 뛰던 동기들이 눈물을 흘리는 동안 울보인 제 눈에는 눈물이 한 방울도 맺히지 않았습니다. 그저 혼자서 멍하니 잔디밭을 바라보고 있을 뿐이었습니다. 그때 저는 처음으로 '무력감', '절망감' 혹은 '고독감'이라는 것을 맛보았는지도 모릅니다. 중간에 야구부를 그만두고 도망쳤더라면, 패배의 마지막 타자가 되지 않았을지도 모릅니다.

그런데 지난해 호텔 실내에서 들었던 게임 종료 사이렌 소리. 8월 15일 기념일에 울려 퍼지는 사이렌 소리와 비슷했습니다. 어렸을 때부터 들었던 '도망치는 것은 부끄럽다'라는 무의식적인 목소리는 저뿐만 아니라 우리들이 예전부터 들었던 소리 일지도 모른다는 생각이 문득 들었습니다.

프롤로그의 E씨, 오래 전부터 이어진 가업의 후계자로서 도망치지 않고 열심히 일하고 있습니다. 경영이 악화되어 앞날이 캄캄해 보이는데, E씨는 '도망치는 것은 부끄러운 일'이라는 심리가 작용합니다.

그러나 도망치지 못하는 이유는 '부끄러움'만이 아닙니다. 또 하나, 도망치지 못하는 큰 원인으로 '장소(공간)' 문제가 있다고 저는 생각합니다. 물리적으로 있는 '거처'가 심리적으로 안심할 수 있는 마음 둘 곳이라는 장소가 되고 마침내 '안식처'가 되는 것이죠. E씨에게 가업은 안심할 수 있흔 마음 둘 곳이었고, '거처'라는 '편안함'이 있었기 때문일 겁니다. 언제나 안

전하고, 안심할 수 있는 이가 있기 때문입니다. 그래서 그 자리를 떠나거나 도망치기가 어려운 것입니다.

중견관리자 C씨도, 만년 후보 A씨도, 그리고 중학생 시절의 저도 회사라는 조직과 학교 동아리라는 시공간이 '거처'가 되어버렸기 때문에 '도망칠 수 없었던 것'이 아닐까 생각하게 되었습니다. 그저 공만 줍던 3년간의 야구부 생활이었지만, 동아리 활동은 당시 제게 무엇과도 바꿀 수 없는 '거처'가 되어 주었습니다. 방과 후, 동아리 활동이라는 곳에 있으면 친구들과 함께 있다는 경험을 할 수 있었기 때문에 저는 왠지 모를 안도감을 느꼈던 것 같습니다. 돌이켜보면 당시 동아리에서 도망쳐서 그만두면, 저는 '설 자리'를 잃는 것이 무서워서 만년 후보라도 동아리라는 설 자리를 붙잡고 있었는지도 모르겠습니다. 분명 그런 측면도 있었을 거라고 생각합니다.

물론 당시에는 이런 생각을 하지 못했습니다. 정신건강의학과 의사가 되고, 정신분석 훈련을 받고, 정신분석가가 되어 드디어 저를 돌아볼 수 있게 되었기 때문에 발견한 것이라고 할 수 있습니다.

그리고 정신건강의학과 임상 진료를 하면서 발견한 것은 저와 같이 고통스러운 세상이 만성화되어서 제자리 걸음을 하고 있는 사람들이 적지 않다는 사실입니다.

'도망쳐도 이기는 것'이 되기 위해 중요한 것은 지금 물리적으로 있는 곳이 어느 정도 '머무는 곳'이 되고 있는지, 먼저 종이에 적어보는 등 말로 정리해 보는 것입니다. 특히 '도망치지 않고 머무르는 안정감'과 '도망칠 경우의 위험성'이라는 두 가지 측면에 주목하면 좋을 것입니다.

E씨의 경우, 가업에 계속 머물면서 '부모님과 가족들이 안심하고, 주변의 안도감을 얻음으로써 자신도 안심할 수 있다'는 안도감과 가업을 버림으로써 부모님이 '불효자!' '못난 자식!' '패배자!'라는 비난을 듣지 않을까? 가족 뿐만 아니라 동네 사람들로부터도 버림받아 고립되는 것은 아닐까?라는 리스크가 예상될 수 있습니다.

사실, E씨가 실제로 가업을 떠나면 가족들의 비난을 어느 정도 받을 수 있고, 이웃들도 외면할 수 있습니다. 즉, 고립될 가능성이 크다는 뜻입니다.

도망쳐도 괜찮아-인생의 첫 번째 라운드

이런 내용을 읽은 여러분은 '그럼, 역시 도망치면 안되는 거 아니냐!'라고 생각하실 겁니다.

물론, 도망치면 인생의 한 라운드는 패배할 수도 있습니다. 하지만 인생이란 그것으로 끝나지 않습니다. 두 번째 라운드에서 져도, 세 번째 라운드에서 져도, 아홉 번째 라운드에서 승리하는 그런 인생도 있습니다.

인생의 한 라운드에서 벗어나기 어려운 사람들은 '인생은 이번 라운드밖에 없다, 이 중요한 곳에 머물러야 한다'고 의식적·무의식적으로 생각하고 있는 것은 아닌지 모르겠습니다. 만약 지금까지 단 한 번도 도망쳐본 적 없는 삶을 살아온 당신이라면, 지금 당신이 있는 곳은 인생의 첫 번째 라운드입니다. 적극적으로 인생의 다음 라운드로 나아가길 바랍니다.

마지막 경기의 마지막 타석에서 헛스윙 삼진을 당한 저는 아마도 인생에서 처음으로 '외로움'과 '고립감'을 자각했을지도 모른다고 떠올립니다. 그 전까지의 가토 소년은 평화롭고 한적하고, 답답하고 지루하지만 안심할 수 있고 아늑한 시골 학교에서 왠지 그 자리에 있으면 '우리들은 사이좋은 친구들이야'라는 안도감에 연결되는 환상(판타지)을 계속 품고 있었습니다.

사실 주변 친구들이 주전 선수가 되기 시작했을 때부터 외로움과 고립감이 싹트기 시작했다고 생각하지만, 당시에는 광대처럼 '삐딱하게' 행동함으로써 외로움과 고립감을 마주하는 것을 피하고 있었습니다.

'테게테게(てげてげ)'는 고향인 규슈지역 가고시마의 방언으로, '대충', '중도 포기'라는 뜻의 단어입니다(형용사이기도 하고 명사로도 쓰입니다). '테게테게짱(게으른 녀석)'이라는 꼬리표를 달고 살았던 저이지만, 실제로 중학교 시절 가토 야구 소년은 연습은 커녕 공 줍는 것조차도 대충대충 하는 학생으로 중도

하차한 열등 부원이었으니, 당연히 주전 선수가 될 수 없었을 겁니다.

하지만 '테게테게'라는 말에는 왠지 모르게 애정이 깃들어 있다고 할까, 사랑받는 느낌이 있다고 할까, '테게테게'라는 말을 듣는 것이 솔직히 싫지 않았는지도 모르겠습니다. 그리고 내심 '나는 테게테게니까 열심히 하지 않아도 돼. 이대로 있어도 괜찮아'라는 안도감과도 연결되었던 것 같습니다.

하지만 마지막 경기 후 그라운드 한 구석에서 홀로 잔디밭에 누워 하늘을 바라보던 저는 지금도 가끔씩 마음속 속에서 '이제 이 테게테게 세상과 작별하자'는 결심을 했던 게 떠올리곤 합니다.

그리고 '테게테게' 같은 삶에서 약간 개과천선하여 6개월 동안은 수험 공부에 매진하고, 고등학교때는 부모님과 지역을 떠나 기숙사에 들어가 점차 새로운 '자리(거처)'를 얻었습니다. 그렇게 삶의 2라운드, 3라운드로 거치면서 실패가 많지만 실패만 하지 않는 삶을 살게 되었습니다.

중3 여름, 외로움과 고립감이라는 다소 고통스러운 사건을 경험하지 못했다면, 저는 평생 그 '테게테게한(대충대충 사는)' 세계에 머물러 의사가 되지도, 정신건강의학과 의사나 정신분석가가 되지도 못했을 겁니다.

프롤로그에 등장한 고등학교 2학년 B양. 학교에서 고립된 상태가 1년 가까이 지속되고 있어, 걱정스러운 상황에 놓여있습니다. 외로움을 겪고 있는 B씨가 도망치지 않고 학교에 계속 다니고 있는 이유는 무엇일까요?

B씨는 일상적으로 쓰이는 속담인 '모난 돌은 정 맞는다'는 현상을 처음 겪었다고 해도 과언이 아닙니다. 우리 사회에서는 본인이 의식하든 의식하지 않든 '모난 돌은 정 맞는다'라고 생각합니다.

저는 키가 큰 편(190 cm 가까이 됩니다)이고, 그것은 초등학교 때부터 계속 그랬습니다. 키가 크다는 이유만으로 '튀는' 의도는 없는데, 물리적으로 주변에서 '튀어나와' 있어 눈에 띄어 선생님들에게 맞았던 경험은 셀 수 없이 많습니다. 그렇게 '튀어나온 대가는 맞는다'는 것에 나 자신도 조금은 익숙해졌다고 생각하지만, 아직도 맞았을 때 기분이 좋지는 않습니다.

'모난 돌은 정 맞는다'라는 속담처럼 현대 사회 속에서 우리의 처세술은 크게 세 가지로 분류할 수 있습니다.

먼저, 가장 현명한 사람들은 '모난 돌이 되지 않기 위해' 처음부터 '절대 나오지 않도록' 생활하는 것이 아닐까 생각됩니다.

그 다음으로 많은 것은 한 번 나가서 타격을 받았기 때문에 그 경험을 교훈으로 삼아 지금까지 있던 곳에 계속 머무는 삶입니다. 자신이라는 모난 돌을 빼고 조용히 겸손하게 살아가는…… 이것도 어딘지 모르게 현대 사회의 삶의 방식인 것 같습니다. 물론, 계속해서 모난 돌이라고 두들겨지며, 자신의 자리를 바꾸지 않고 계속 나가는 강자도 없는 것은 아니지만, 드뭅니다.

정신건강의학과 의사로서 걱정되는 것은, 이런 '사회적 압박' 속에서 자신이 모난 돌이 되어 버리거나, 모난 돌에 정 맞게 되는 상황이 화근이 되어, '지금까지의 거처가 더 이상 안심할 수 있는 거처가 아니게 되었다'는 괴로움에 마음의 병을 앓는 사람들이 적지 않다는 것입니다.

B씨는 외로움을 느끼며 무거운 발걸음을 옮기며 등교를 계속하고 있는데, 우울증에 걸린 것이 분명합니다. B양은 10대 후반의 어린 여자아이이지만, 성격적으로는 젊은이들에게 많이 나타나는 신세대 우울증 유형이라기보다는 고전적 우울증 유형(멜랑콜리형 우울증)으로 보입니다.

'출구가 막혔을 때' 살아가는 방법으로 알려주고 싶은 것은 '도망치기'라는 세 번째 처세술입니다. 즉, '도망칠 곳을 만들자'라는 것입니다. B씨는 '도망친다'라는 것을 의식하지 못할 정도로 고민하고 있는 것 같고, '도망친다'는 생각조차 하지 못하고 있을지도 모릅니다. 또는 도망치는 것이 '나쁜 것', '부끄러운 것'이라는 생각이 있을 수도 있습니다.

제가 B씨에게 전하고 싶은 말은 "인생의 한 라운드는 잘 안 풀린 것 같지만, 다음 라운드가 반드시 있으니 미래의 무대를 바라보며 앞을 향해 걸어갔으면 좋겠다"라는 것입니다.

10년이 지나도 프러포즈를 하지 않는 남자친구와 헤어지지 못하는 D씨, 가업을 이어가는 후계자 E씨, 어머니의 굴레에서 벗어나지 못하는 F씨, 엄마들의 모임에서 벗어나지 못하는 주부 H씨에게도 이 말을 건네고 싶습니다.

먼저 준비하기-액션 첫 번째 단계

물론 지금 있는 곳이 제 자리가 아닌, 고통의 한가운데에 있는 사람에게 미래의 밝은 무대를 떠올리는 것은 지극히 어려운 일입니다. "도망치면 밝은 미래가 기다리고 있어. 그러니 지금 당장 도망쳐!" 라고 말해도 당황스러울 뿐입니다.

그렇다면, B씨를 비롯해 도망치지 못하고 괴로워하는 사람들에게 먼저 "지금 여기 있는 것이 힘들지 않습니까?", "지금 여기 있는 것이 불편하지 않습니까?", "지금 이곳이 편안합니까? 살기 힘들지 않나요?" 라는 위로의 말 한마디가 가장 우선시되어야 합니다.

'도망치면 이긴다'가 되기 위해서는 '도망치는' 과정을 [준비기] [실행기] [도망친 후] 세 단계로 나누고, 각 단계 별로 개별적인 대응이 중요합니다.

'도망가기' 행동을 취하기 전 [준비기]에 가장 먼저 해야 할 일은 현재 머무는 곳에 있는 자신에 대한 셀프 모니터링(자기 관찰)을 해보는 것입니다. 다음과 같은 단계에 해당되는 사람은 지금 있는 곳에서 도망치는 것이 더 유리할 가능성이 큽니다.

① 지금 있는 곳이 (이전만큼) 즐겁지 않다/안심할 수 없다.

② 지금 있는 곳의 동료가 (이전과 비교하여) 나에게 냉담하다/차갑다/지나치게 엄격하다/지나치게 친절하다/지나치게 의존적이다.

③ 지금 있는 곳에서 고립되어 있다

④ 지금 있는 곳에서 외로움/고립감에 시달리고 있다.

⑤ 지금 있는 곳에서 몸과 마음이 불편하다

어떻게 생각하시나요? 해당되는 항목이 몇 개 있었나요?

① ② ③번에 해당되는 여러분은 지금 있는 곳이 안심하고 편안한 '내 집'이 아닌 것 같습니다.

마음의 안정에 있어 '거처'의 의미는 매우 큽니다. 앞서 언급했듯이 '안식처'란 자신이 안심하고 평온하게 존재할 수 있는 곳입니다. "안식처"가 없는 상태가 오래 지속되면 외로움,

고립감이 심해지고, 심신에 이상이 생겨 마음의 병이 생기기 쉬워집니다.

④번과 ⑤번에 해당되는 분들은 이미 그런 경향이 두드러지게 나타나고 있는 분들입니다. '도망치면 이긴다'가 되기 위한 행동에 나서기 전에, 스스로 심신의 건강을 회복하기 위해 노력했으면 좋겠습니다.

④와 ⑤번에 해당되는 분들은 정신건강의학과 등의 의료기관, 상담이나 심리치료를 하는 심리상담기관 등을 활용하는 것을 강력히 추천합니다. 학교나 회사라면 학교 상담교사나 직장 내 보건교사, 산업보건의사 등과의 상담도 추천합니다. 전문기관에서 자신의 심신 상태를 점검하고, 상황에 맞는 전문적인 도움을 받을 수 있기를 바랍니다.

프티 도망(소소한 일탈)의 추천-적극적으로 쉬다

다섯 가지 중 하나에 해당하는 독자 여러분 중에는 '그렇게 말해도 지금 있는 곳에서 도망치고 싶지 않다'고 생각하시는 분들도 적지 않으실 겁니다. 그런 분들이라면 우선은 현재 머무는 곳은 그대로 유지하면서 다른 곳에 작은 안식처(거처)를 만들어 보는 것을 추천합니다.

여러분, 제대로 '휴식'을 취하고 계신가요?

서양인들이 우리들보다 어딘가 모르게 마음의 여유가 있는 것처럼 보이는 것은 그들이 긴 휴가를 취할 수 있는 사회의 거주자이기 때문이 아닌가 하는 생각이 은근히 듭니다.

'쉬다'라는 것은 "도망치다"라는 감각과 어딘지 모르게 비슷한 느낌이 듭니다.

학창시절을 떠올려 볼게요. 학교에 가기 싫을 때, 학교에서 도망치고 싶을 때 '배가 아프다'고 핑계를 대고 결석한 적이 있지 않으신가요? 하지만 적어도 옛날 학교 선생님들은 그렇게 쉽게 쉬는 것을 허용하지 않았습니다. 정정당당하게 쉴 수 있는 것은 주말과 봄방학, 그리고 여름방학, 겨울방학이라는 장기 방학이 있고, 특히 여름방학과 겨울방학은 한 달 이상 학교를 떠날 수 있는 천국과 같은 시간이었습니다.

그러다가 사회인이 되면 갑자기 일주일 동안 한꺼번에 쉬는 것조차 어려운 상황에 처하게 됩니다. 사흘 간의 유급휴가라도 '직장 동료에게 미안하다' 라고 생각하게 되는 것이 바로 우리 현대인들입니다. 이것이 바로 '쉬는 것' = '도망가는 것' = '나쁜 것'인 우리 현대 사회입니다.

유럽 사람들은 여름에는 일하지 않고 (물론 일하는 사람들도 있지만) 피서지로 휴가를 떠납니다. 여름에는 더위를 '피하는 것'이 국가와 회사라는 소속된 조직의 제도로서 공공연하게 인정되고 있는 것입니다. '쉬는 것'은 당연한 권리인 것입니다. 그들이 '피해야 한다'는 의식을 가지고 있는지는 확실하지 않습니다. 그런 의식도 없이 당연한 듯이 쉬고 있는 것으로 보입니다.

올 봄, 벚꽃이 피는 시기에 학회 참석을 위해 파리 출장을 다녀왔습니다. 출장 중 파리에서는 대규모 시위가 열리고 있었습니다.

총리가 연금 지급 개시 연령을 두 살 올리는 법안을 강행 통과시켰다고 합니다. 자유를 사랑하는 프랑스 국민들은 '회사를 떠나면 맞이할 수 있는 행복한 삶이 2년이나 늦춰지는 것'에 대한 불만과 분노를 폭발시키며 시위를 벌이게 된 것입니다.

나는 학회 마지막 날 오전에 발표를 마치고 귀국하기 전에 피카소 그림을 오랜만에 보러 가자는 생각에 피카소 미술관으로 향했습니다. 가장 가까운 역인 바스티유 광장역에 도착해 지상으로 올라가니 광장으로 이어지는 대로에서 대규모 시위 행진이 한창이었습니다.

저는 겁에 질려 있는데, 행진하는 사람들을 보니 의외로 즐겁게 걷고 있었습니다. 열 명에서 서른 명 규모의 단체가 대형 풍선을 들고 행진하는 모습이 마치 돈타쿠 퍼레이드(후쿠오카에서 매년 골든위크에 열리는 축제)를 보는 것 같았습니다.

나는 서둘러 시위 행렬이 있던 대로에서 조금 떨어진 오솔길을 따라 피카소 미술관에 도착했습니다. 시위로 인해 휴관 중일지도 모른다는 걱정이 앞섰지만 다행히도 입장할 수 있었습니다. 하지만 아쉽게도 특별전만 관람이 가능하다고 해서 정작 피카소의 그림은 한 점도 볼 수 없어 실망스러웠습니다.

아마도 피카소 미술관에서 근무하는 사람들, 그 중에는 경비원들도 많이 포함되어 있을 텐데, 그분들이 파업을 해서 엄중한 감시가 필요한 피카소의 그림이 전시된 층을 열지 못한 것 같습니다.

일본은 거품이 꺼지고 만성적인 경기 침체가 지속되고 있는 세상이지만, 파업은 거의 일어나지 않습니다. 이에 비해 유럽에서는 파업이 일상 다반사인 듯합니다. 파리에서 돌아오는 길에 샤를 드골 공항에서 출국심사 직원들의 파업으로 두 시간 가까이 긴 줄이 생겨 저도 발이 묶였습니다. 국제 공항이다 보니 다양한 국적의 사람들이 섞여 있었습니다. 지나가는 직원에게 계속 불만을 토로하는 동양인, 무표정하게 서 있는 백발의 작은 체구의 신사(아마도 프랑스인), 쪼그리고 앉은 국적 불명의 중년들. 홀로 서 있던 저는 사보타주의 영향을 직접적으로 받으며 '짜증나는' 경험을 한 것입니다.

돌이켜보면, 도망치거나 파업하는 사람에 대한 관대함이 없는 저였기 때문에 짜증이 났던 게 아닌가 싶습니다.

'도망'을 허용하는 마음-또 하나의 마음가짐

프롤로그에서 소개한 J씨, 기억하시나요? 자신은 필사적으로 노력하고 있는데 부하직원들은 하나둘씩 떠나가고, 결국 심적 피로 때문인지 건강이 나빠진 50대 관리자입니다.

대학 졸업 후 입사하여 한 우물만 파온 J씨의 삶, 회사의 인간 관계를 소중히 여기고 고객을 소중히 여기는 삶, 적어도 한참 전의 우리 사회라면 모범이라 불릴 만한 훌륭한 인격자라고 평가해도 과언이 아닐 것입니다.

이러한 사고방식이 우리들에게 명백히 이어져 내려오고 있습니다. 이 마인드셋 이야말로 '도망치면 지는' 사회를 만드는 큰 요인이라고 할 수 있습니다. 반대로 유럽은 시위, 파업, 사보타주라는 행동이 긍정적으로 작용하는 나라인데, 이런 나라에서는 '도망쳐도 괜찮은 것'이 실현되기 쉬운 것인지도 모릅니다.

J씨가 직장에서 경험한 것처럼, 가까운 사람이 곁을 도망쳐 가는 상황은 당연히 마음의 고통을 동반합니다. 그러나 2장 '간주관; 사이의 주관'에서 말씀드렸듯이, 이러한 상황에서 상대방과 '물리적 거리가 멀어지는 것'이 곧 '도망쳐 버린 것'이라고 바로 판단할 필요는 없습니다.

저 역시 상사라는 위치에 있는 경우가 많아지고 있는데, 내

입장만을 고수하지 않고, 이런 상황에서 '도망치자!'라고 생각하지 않더라도, 도망가는 것에 관대한 상사가 되고 싶습니다. 회사나 조직에서 '도망칠 수 있는' 것에 관대한 상사가 조금씩 늘어나, '도망치면 이기는' 생활을 실천하기 쉬운 사회가 되었으면 하고 바랍니다.

J씨는 지금까지 회사에 헌신해 왔으니 가끔은 장기 휴가를 내서 회사에서 잠시 벗어나 유럽 여행이라도 다녀왔으면 좋겠다는 생각이 듭니다. 우리처럼 정시대로 일이 진행되지 않아도 불안해하지 않는 내성이 조금은 생기지 않을까요? 도망친 사람을 용서할 수 있는 관용의 마음, 이제 우리도 그런 마음을 얻어야 하는 시대일지도 모릅니다.

타인에게 '도망칠 수 있는 것'을 허용할 수 있기 위해서는 스스로 '프티 도망(소소한 일탈)' 경험을 하고, 그 경험을 긍정적으로 체험할 수 있어야 합니다.

올 봄에 제가 파리에 간 이유는 유럽정신의학회에 속해 있는 이탈리아 정신의학자들과 함께 '은둔형 외톨이와 신세대 우울증'에 관한 국제 워크숍을 기획하였기 때문이었습니다. 참석을 위해 학회 참석 경비가 추가로 필요한 특별 기획이었지만 다행히 삼십 명 정도의 분들이 참여해 주셨습니다.

일본의 '신세대 우울증'의 병전 성격에 대해 소개했을 때, 벨기에의 여성 정신과 의사 선생님으로부터 "이게 그렇게 특별한 성격인가요? 일반적이지 않나요?" 같은 질문을 받았습니다. 그래서 저는 2016년에 집필한 논문 종설의 그림을 제시하면서 우리나라에서 존경받는 것은 근면, 성실, 꼼꼼함 등 일본인(The Japanese)이라고 불리는 집착 기질이고, 기분 부전형 기질 '신세대 우울증의 병전성격'은 우리 사회에서는 미성숙한 성격으로 여겨지는 것이라고 전했습니다.

우리는 지금 과도기에 있는 것 같습니다. 상사 J씨가 "도망치지 마라!"라고 비난하고 싶어지는 젊은이들 이야말로 서양인이라면 정상(일반적) 일지도 모르고, 그들은 도망칠 의도는 없고, 단지 자신에게 바람직한 환경을 찾아 계속해서 뛰어가고 있는 것일지도 모릅니다. 그런 젊은이들을 따뜻하게 지켜줄 수 있는 사회를 만드는 것이 우리의 앞으로 해야할 과제라고 생각합니다.

1장에서 소개한 '멜랑콜리형 우울증'의 '도망치지 않는' 체육교사 K씨의 사례를 기억하시나요? 사실 이 사례는 십여 년 전에 국내외 정신과 의사들을 대상으로 실시한 증례 연구 설문조사에서 사례로 사용한 것입니다. "K씨의 병의 원인은?"라고 물었을 때, 성격의 문제를 지적하는 일본의 정신건강의학과 의사는 거의 없었지만, 한국을 비롯한 해외의 많은 정신건강의학과 의사들은 '성격의 문제' 라고 지적했습니다.

즉, '도망치지 않는 것이 아름답다'는 우리의 가치관은 해외에서는 일반적이지 않은 것으로 여겨질 수도 있습니다.

상사 J씨로부터 도망친 부하직원들에게 도망친 것이 행복을 가져다주었을까요? '도망치는' 행동이 행복을 가져올까요? 그것은 타이밍과 '도망치는 방법'에 달려 있습니다.

프롤로그에 등장한 사내 다툼으로 도망치듯 퇴사한 후, 어느 회사에서도 오래 버티지 못하고 은둔형 외톨이로 전락한 I 씨. J씨로부터 도망친 부하직원들도 마찬가지로 다른 회사에 가서 같은 패턴을 반복하며 이직을 반복하고 결국 은둔형 외톨이가 되었을지도 모릅니다.

'도망쳐서 승리' 하기 위해서는 도망칠 준비기를 자각하고, '도망칠 때'를 잘 감지하고, 잘 도망칠 수 있는 방법을 익히는 것이 중요합니다. '은둔형 외톨이'로 전락한 I씨의 경우, 부하 직원이나 상사와의 의견 불일치가 많아지기 시작한 시점에 이미 '도망쳐서 승리할' 준비기가 시작되었다는 겁니다.

이 시기에 I씨 자신이 조금이라도 '도망'을 의식할 수 있었다면 상황은 달라졌을지도 모릅니다. 의견이 다를 때, I씨는 자신의 의견을 관철시키기 위해 필사적으로 자신의 의견을 관철시키려고 하다가 결국 폭력에까지 이르게 되었을 것입니다. 자신의 의견이 관철되기 어려워진 직장은 I씨에게는 이미

안심하고 안전하고 편안한 곳이 아니었을 겁니다.

'설 자리를 잃었다' 혹은 '잃어가고 있다'는 자각을 좀 더 빨리 가질 수 있었다면, 적절한 시기에 "도망" 행동을 일으켜 어딘가로 도망쳐서 새로운 설 자리를 찾을 수 있는 길이 열렸을 겁니다. 인생에서 '언제가 도망칠 때일까?' 예측하는 것은 어렵지만, 자신의 안식처라는 감각을 모니터링하면 그 타이밍을 스스로 예측할 수 있게 됩니다.

'살기 힘들다'는 느낌의 유무가 공간 모니터링의 중요한 지표가 됩니다. '살기 힘들다'는 느낌이 강하다면, 지금 있는 곳은 이미 당신에게 있어서는 '도망가기' 행동의 준비기에 이미 돌입했다고 볼 수 있습니다.

저는 최근 '살기 힘들다'를 간편하게 평가할 수 있는 정신분석적 정신상태 평가표(Assessment sheet for Psychoanalytic Mental States; APS-24 척도)라는 것을 새로 만들어 봤습니다. 이제 막 만들어서 몇 점 이상이면 '있을 곳이 없는 상태/몇 점 이상이면 도망가는 것이 좋은 상태'라는 점수(절단점)는 제시할 수 없지만, 적어도 30점 이상이면 '살기 힘들다'는 느낌을 강하게 가지고 있다고 생각해도 좋을 것 같습니다.

다음 문장은 현재 당신에게 어느 정도 적용됩니까?
가장 적절한 번호 하나를 골라 체크하십시오.

		적용 되지 않음	그렇지 않다	중간 이다	그렇다	매우 그렇다
1	즐거운 일이 자주 일어난다.	4	3	2	1	0
2	인생은 고생뿐이다.	0	1	2	3	4
3	고민을 털어 놓는 것이 서투르다.	0	1	2	3	4
4	사는 것이 어렵다고 느낀다.	0	1	2	3	4
5	주위가 성가시다.	0	1	2	3	4
6	집단생활에 서투르다.	0	1	2	3	4
7	씻는 것이 귀찮다	0	1	2	3	4
8	수치심에 민감하다.	0	1	2	3	4
9	외로움을 느낀다.	0	1	2	3	4
10	다른 사람의 시선이 신경 쓰인다.	0	1	2	3	4
11	자신감이 없다.	0	1	2	3	4
12	다른 사람에게 맞춰 주는 편이다.	0	1	2	3	4
13	다른 사람과 관계맺고 싶지 않다.	0	1	2	3	4
14	화를 잘 내는 편이다.	0	1	2	3	4
15	자기주장을 하는 편이다.	4	3	2	1	0
16	사회의 규칙을 따르는 것이 어렵다.	0	1	2	3	4
17	도망치고 싶다.	0	1	2	3	4
18	우울하다.	0	1	2	3	4
19	나는 공격적인 성향이 있다.	0	1	2	3	4
20	무서운 느낌이 든다.	0	1	2	3	4
21	짜증이 난다.	0	1	2	3	4
22	쓸쓸하다.	0	1	2	3	4
23	외톨이다.	0	1	2	3	4
24	인생은 어떻게든 될 거라고 생각한다.	4	3	2	1	0

항목1, 15, 24를 역채점 항목으로 하여 합계를 산출합니다.

(가토 교수 저서 『정신분석과 뇌과학이 만난다면』 2022년)

중견 관리자 C씨, 회사 임원 J씨, 그리고 결국 은둔형 외톨이로 전락한 I씨도 회사 일변도의 삶을 살고 있었습니다. 여기서 중요한 것은 생업인 회사 외에 '도피처(안식처)'로서의 거처를 적극적으로 만들어 놓는 것입니다.

직장인이면서 이미 탈출 [준비기]에 접어든 독자 여러분 중 상당수는 회사를 쉬지 않고, 거의 유급휴가도 없이 워커홀릭처럼 일해 온 분들이 많을 것입니다. 이런 직장인 분들께는 잠시나마 기분전환, 휴식을 취할 수 있는 것들을 일상 생활에 도입하는 것부터 시작했으면 좋겠습니다.

지금 회사에 있으면서 회사만 다니는 삶에서 조금이라도 '탈출'하여 새로운 또 하나의 거처를 만들어 보는 것은 어떨까요?

"그러면 쉽게 자리 잡을 수 없어, 무리한 소리 하지마!"라고 반박하고 싶은 분들도 많을 겁니다. 그런 분이라면 우선 하루라도 유급 휴가를 내어 '프티 탈출구'로서 프티 휴가를 내어 보시기 바랍니다. 그리고 휴가를 다녀온 후에는 굳이 쓸데없는 행동을 해보세요.

거리를 돌아다니는 것, 그걸로 충분합니다. 그동안 자동차로 출퇴근하던 사람이라면 한 걸음, 한 걸음, 내 발로 길거리를 걷다 보면 그동안 몰랐던 가게를 발견할 수 있을지도 모릅니다. 산책 중, 오래된 냄새나는 프라모델 가게를 발견하고 딸랑딸랑 문을 열고 한 발짝 들어서는 순간, 건담에 푹 빠져 있던 어린 시절을 떠올리며 프라모델의 세계가 새로운 또 하나의 '집(거처; home, 안식처, 도피처)'이 될 수도 있습니다.

제 정신건강의학과 외래를 다니던 관리직 50대 남성 회사원 분은 과로로 인해 우울증에 걸렸습니다. 병가로 잠시 쉬고 있을 때 어릴 적 좋아했던 프라모델을 떠올리며 동심을 되찾을 수 있게 되면서 우울증에서 회복해 갔습니다.

산행, 공원 벤치에 앉아 멍 때리기 등 무엇이든 상관없습니다. 분명 새로운 장소(거처)를 찾을 수 있을 것입니다.

마음건강 응급처치(Mental Health First Aid, MHFA) 개발 중

1단계: 당사자에게 듣기(리스크 평가)

2단계: 무비판적 경청(판단 없이 듣기, 공감)

3단계: 지원 및 정보 제공/ 안심 제공

4단계: 전문가 연결

5단계: 셀프헬프 유도

저는 마음건강 응급 처치(Mental Health First Aid: MHFA)라는 '마음의 병'의 예방과 조기지원을 위한 교육지원 프로그램을 국내에 보급하는 활동에 다년간 참여하고 있으며, 매년 수차례 직장인 대상의 우울증 예방 프로그램 강사를 맡고 있습니다.

심리지원 전문가가 아닌 일반인들이 MHFA의 다섯 단계 〈듣·공·안·전·셀〉을 익히면 자신이나 주변 사람(가족, 직장 동료, 친구 등)이 마음의 위기에 빠졌을 때 응급처치를 할 수 있게 됩니다. 마지막 단계는 '자기 스스로 할 수 있는 다양한 활동을 장려하자'입니다. 이 중에도 일상에서 잠시나마 힘든 세상에서 벗어나는 것, 즉 스스로 할 수 있는 기분 전환을 권장하고 있습니다.

그런데 제 개인적인 생각으로는 예전의 기질적으로 성실한 회사원들은 눈앞의 일에만 몰두하여 회사 일에만 빠지기 쉬운

것 같습니다. 저 역시 그런 기질을 많이 가지고 있습니다. 지금까지의 좋지 않은 경험을 바탕으로 말씀드리고 싶은 것은, 성실한 기질을 가진 분들이 지금 있는 곳뿐만 아니라 또 다른 곳에도 '거처'가 있기를 바란다는 겁니다. 즉, 두 켤레의 신발입니다.

저 자신은 정신과 의사이자 정신분석가로서 매일 임상 진료에 임할 때의 대외적인 모습 외에도, 뇌과학자 혹은 MHFA 보급 활동가로서의 또 다른 면을 겸비하고 있습니다. 뇌과학과 MHFA라는 다른 면은 제게 있어서 둘다 삶의 터전이기도 합니다.

그렇게 생각하면 정신분석의 세계조차도 이른바 정신건강의학과 임상 진료와는 크게 다르며, 이면의 세계라고 할 수 있습니다. 저의 정신건강의학과 의사로서의 반평생은 이런 이면에 머물러 있었기에 대외적인 세계가 다소 힘들어도 살아남을 수 있었던 것이 아닐까 하는 생각이 듭니다.

그리고 정신건강의학과 의사로서도, 정신분석가로서도 쉽지 않은 환자 치료에 악전고투하며 힘든 상황에 놓였을 때, 뇌과학 연구라는 또 다른 하나의 세계로 잠시 도피하는 것을 반복해 왔습니다. 그 반대도 마찬가지입니다. 뇌과학 연구의 세계로 가서 막막할 때, 임상 진료에 매진하면서 마음이 풀리는 일도 드물지 않았습니다.

시소처럼 X의 세계에서 Y의 세계로 도망치고, Y의 세계에서 X의 세계로 도망치는 것을 반복하다 보면 X의 세계도 Y의 세계도 모두 적당히 즐겁고 아늑한 거처로 공생할 수 있게 됩니다.

정신건강의학과 의사나 정신분석가들 중에는 이런 삶을 사는 선배들이 많습니다. 제 스승님 중에도 작사가/음악가, 시인/등산가 등 두 켤레의 신발을 신고 있는 분들이 적지 않은데, 이런 선배들을 만나면서 저는 두 켤레의 신발을 신고 걷는 것(한 세계에서 도망쳐서 다른 한 세계로 가는 것)에 대한 죄책감을 과도하게 품지 않아도 되었던 것 같습니다.

한 세계에 계속 머물러 있는 선후배들만 주위에 있으면, 자신이 다른 세계로 가는 것에 대해 지나친 죄책감을 갖게 될지도 모릅니다. 프롤로그에 등장한 그들은 이러한 죄책감이나 후회 때문에 지금의 세계에서 벗어나지 못하고 있는 것은 아닐까요?

지금까지의 X라는 세계와는 다른 Y라는 새로운 세계처럼 두 곳을 오고갈 때, 특히 그 초기에 필요한 것은 원래 있던 X의 세계 주민들을 향해 '나는 이제부터 Y의 세계에도 가겠습니다'라고 너무 성급하게 공언하지 않는 것입니다. 슬며시 몰래 빠져나와서 Y의 세계로 들어가는 것이 중요하다고 생각합니다.

저는 의대를 졸업하고 규슈대학교병원 정신신경과라는 의국에 입국하여 지금도 계속 이곳을 '거처'로서 활동하고 있습니다만, 처음부터 '저는 정신분석이라는 또 하나의 신발도 신습니다'라고 의국의 모든 사람들에게 공언한 적은 없습니다. 정신분석에 관해서는 현대 정신의학·정신의료 속에서는 "증거가 하나도 없잖아!"라는 식의 냉담한 반응 풍토가 강했기 때문에 몰래 조용히 도망쳐서 그 세계의 주민으로 은밀하게 활동해 온 것입니다.

우리 속담에 '모난 돌은 정 맞는다[9]'라는 게 있습니다. 어느 정도 이상 너무 많이 튀어나오면 박힐 수밖에 없으므로, 또 다른 하나의 세계가 자리 잡은 시점에서 공언하는 것을 추천합니다. 그렇게 되면 X의 세계 주민들에게 맞더라도 그 피해는 치명적이지 않을 것이고, X의 세계에서 완전히 도망쳐도 Y라는 세계가 자신의 거처라면 완전히 자신의 거처를 잃는 일은 없을 겁니다.

도망가기 액션 –지원을 위한 단계

다음은 은둔형 외톨이의 '도피' 행동에 대해 알아보겠습니다.

---

9 일본 속담에 '튀어나온 말뚝은 박힌다'라는 게 있습니다.

앞서 언급했듯이, 은둔형 외톨이 부모 중에는 은둔형 외톨이인 아들이나 딸의 폭언과 폭력이 심해져도 도망가지 않고, 부상을 입으면서도 참고 견디는 경우가 드물지 않습니다. 실제로 큰 부상을 입으신 부모님도 계십니다. 이런 부모님께 가장 먼저 드리고 싶은 말씀은 '일단 물리적으로 도망치세요'라는 것입니다.

부모인 자신이 도망치면 '아이의 상태가 더 나빠지지 않을까? 신뢰를 잃게 되는 것은 아닐까?' 라고 우려하는 부모들이 많습니다. 하지만 이미 위축된 상태에서 폭언과 폭력까지 나타난다면, 부모와 자녀의 관계는 충분히 악화되어 있고, 부모로서의 신뢰는 이미 손상된 상태입니다. 이러한 진실을 인정하는 것은 쉬운 일이 아닙니다. 이런 아픈 현실을 우리는 '모른 척'하기 쉽습니다. 하지만 사실은 사실입니다. 그러나 동시에 중요한 것은 '부모로서 자신을 너무 자책할 필요는 없다'는 것입니다.

일본 내각부는 일본 내 140만 명이 넘는 히키코모리(은둔형 외톨이)가 있다는 통계 결과 추산을 발표했습니다〔2003년 3월〕. 이렇게 많은 은둔형 외톨이가 있다는 것은 부모만의 책임이 아니라 지금의 사회 자체가 은둔형 외톨이를 낳기 쉬운 문명 사회라는 것을 의미합니다.

은둔형 외톨이를 위한 5가지 접근법

| 은 | 은근히 다가가기

    : 강요하거나 놀라게 하지 않기. 말 없는 관심부터 시작

| 둔 | 둔감하지 않게 살피기

    : 작은 변화, 눈빛, 몸짓 하나에도 민감하게 반응

| 형 | 형식보다 진심으로 대하기

    : 교육자/부모/전문가로서가 아니라 한 사람으로서

| 외 | 외로움에 함께 있기

    : '말해봐'보다 '옆에 있을게'라는 태도

| 톨 | 통로를 열어주는 존재 되기

    : 사회와 이어주는 다리, 대화의 톨게이트 역할, 전문가에

    게 지원 요청

제가 주재하는 '규슈대학교 은둔형 외톨이 연구실'에서는 은둔형 외톨이 본인을 위한 지원·치료법 개발뿐만 아니라 부모를 위한 지원법 개발도 추진하고 있습니다. 2012년에는 MHFA의 다섯 단계를 응용하여 은둔형 외톨이 부모가 '은둔형 외톨이 아들/딸의 첫 번째 지원자'가 되기 위한 다섯 단계 〈은·둔·형·외·톨〉을 개발했습니다. 이 다섯 단계를 부모가 익힘으로써 은둔형 외톨이 상황이 해결을 향해 한 걸음 더 나아가는 것을 목표로 하고 있습니다.

이 중 '형' 단계에서는 말을 거는 요령을 가르치는데, 폭력 등 위험을 느꼈을 때 잘 도망치는 방법을 가장 먼저 가르칩니다. 스키도 타는 법을 배우기 전에 '멈추는 법'을 배우듯이, 멈추는 법을 모르고 타면 큰 부상을 입게 됩니다. 말을 걸었을 때, 대화 중에 폭언이 나오면 "이대로 계속하면 나도 하고 싶지 않은 말까지 하게 될 것 같아, 차분하게 얘기하고 싶으니 다음에 다시 얘기하자. 엄마가 좀 더 차분하게 말할 수 있도록 노력할게!"라고 말하고 그 자리를 떠납니다. 이런 '도망치기' 기술을 잘 익힐 수 있게 됩니다.

현재 이러한 프로그램을 온라인에서도 수시로 진행하고 있으니 관심 있는 분들은 홈페이지 [https:www.hikikomori-lab.com/] 를 방문해 주시면 감사하겠습니다.

5장

궁극의 '탈출 거처(공간)' 만들기

은둔형 외톨이의 '도망가기' 액션도 고려해 봅시다.

은둔형 외톨이들은 '도망치면 지는 것'의 대표주자라고 해도 과언이 아닐 것입니다. 제 1장에서 언급했듯이, 은둔은 '도망치는' 삶의 종착역이라고도 볼 수 있습니다. 저는 특히 '신세대 우울증'이 은둔형 외톨이로 가는 관문 장애(gateway disorder)가 아닐까 생각합니다. 이런 분들에게는 지금의 학교나 직장이 거처가 되지 않아 살기 힘들어진다 → 지금의 거처에서 도망친다 → 도망치는 법이 서툴다 → 새로운 거처도 살기 힘들어진다 → (반복) → 은둔 → 출구가 보이지 않는 터널. 이러한 경로를 예측(상정)함으로써 새로운 은둔형 외톨이 지원이 가능하지 않을까 생각합니다.

'신세대 우울증' 성향이 있는 사람이 지금까지의 잘못된 도망가는 방법이 아닌, 잘 도망가는 방법을 새롭게 익히면 '신세대 우울증'과 은둔형 외톨이 생활을 예방하거나 은둔형 외톨이 생활의 장기화를 막을 수 있을 것입니다.

행복하게 은둔하기 위해

앞서 언급했듯이 '신세대 우울증'과 같은 성향은 우리 사회에서는 '이기적'이고 '미숙하다'고 생각하기 쉽지만, 유럽이나 미국에서는 비교적 일반적인 성격인 것 같습니다.

흔히 논의되어 받아들여지는 문화론으로, '동양 사회는 집단주의, 서구 사회는 개인주의'라고 합니다. 집단주의는 강에서 물을 끌어와 쌀을 재배하는 등 농사를 짓는 무리 사회에서 형성되기 쉬운 정신 이념(멘탈리티) 입니다. 공동체 속에서 조화를 중요시하지 않으면 내 논에 물을 댈 수 없습니다. 이 공동체 내에서는 불협화음을 내거나, 자기 제멋대로 행동하거나, 남의 일에 불쑥 끼어들기 시작하면, 마을이 분열되고, 마을이 망하게 됩니다. 반면, 사냥을 생업으로 삼았던 서양인들은 '나 먼저' 사냥감을 획득한 자만이 살아남을 수 있었습니다. 즉, 집단보다는 개개인을 중요하게 여긴다는 것입니다.

집단주의적 사고방식을 가진 사람은 집단주의적 조직에 적응하기 쉽고, 개인주의적 조직에 적응하지 못하는 경향이 있습니다. 반대로 개인주의적인(신세대 우울증적인) 멘탈리티를 가진 사람은 개인주의적인 조직에 적응하기 쉽고, 집단주의적인 조직에 적응하지 못하는 경향이 있습니다.

따라서, 먼저 자신의 〈신세대 우울증〉 성향을 자각하고, 현재 자신이 있는 곳(가정, 학교, 회사 등 조직)이 집단주의적인지 개인주의적인지 평가하는 것이 중요합니다. 앞서 소개한 척도를 통해 자신의 〈신세대 우울증〉 경향을 어느 정도 평가할 수 있으니, 다시 한번 시도해 보시기 바랍니다.

반면에 내가 있는 곳이 집단주의 성향 vs. 개인주의 성향을 파악하는 것은 쉽지 않지만 몇 가지 포인트를 나열해 보았으니 참고하시기 바랍니다.

- 연공서열을 중시한다. [집단주의 성향]

- 나이와 입사 연차에 상관없이 출세할 수 있다. [개인주의 성향]

- 커뮤니케이션(친목도모)이 많다. [집단주의 성향]

- 주말에 상사가 골프를 치자고 하면 거절하기 어렵다. [집단주의 성향].

- 상사가 퇴근할 때까지 퇴근하기 힘들다 [집단주의 성향]

- 상사/부하 관계없이 솔직한 대화가 가능하다. [개인주의 성향]

어떻습니까? 독자 여러분이 소속된 조직은 어느 쪽에 속해 계신가요? 지금도 국내 기업은 집단주의 성향의 조직이 대다수이지만, 글로벌화로 인해 외국계 기업의 국내 진출이 계속되는 가운데, 국내 기업 중에서도 개인주의 성향의 그룹도 늘어나고 있습니다.

다만, 주의해야 할 점은 실제로는 이 두 가지를 단순하게 구분하기 어렵다는 점입니다. 같은 회사라도 상사와 부하직원이 격의 없이 자유롭게 소통할 수 있는 부서가 있는가 하면, 상하관계가 엄격하고 긴장감이 팽팽한 부서가 있는 회사도 많을 겁니다.

자신의 특성과 지금 있는 조직의 특성 사이에 불일치가 있다면, 언젠가는 자신의 자리가 제자리가 아니게 되고, 살기 힘들어질 것이므로, 빨리 '도망가기' 준비단계에 들어가 '도망가기' 조치를 취하는 것이 좋습니다.

위험한 도피처

다만, 탈출구(도피처)로서 주의해야 할 점은 병적인 의존·탐닉 성향이 있는 거처/물건이나 행위입니다.

가장 대표적인 것이 성인이라면 음주입니다. 편의점에서 24시간, 술을 살 수 있는 시대입니다. 물론 저 자신도 힘든 일이 있으면 술로 도망치고 싶은 마음이 드는 것은 사실입니다. 하지만 힘든 상황에서 벗어나기 위한 수단으로 술이 계속 활용된다면 알코올 중독과 같은 병적인 상태가 될 위험성이 높아집니다.

쉽게 벗어날 수 있는 수단은 술만 있는 것이 아닙니다. 음식도 마찬가지입니다, 스트레스 해소를 위해 달콤한 것을 많이 먹거나 좋아하는 것을 마음껏 먹는 것도 그 일환입니다

이제 고등학생의 90% 이상이 소유하고 있다는 스마트폰을 통해 온라인 게임과 동영상 시청, SNS 등을 이용하는데, 이들 역시 게임 과몰입, 스마트폰 과몰입, 인터넷 과몰입 등 병적인 의존에 빠지기 쉬우므로 주의가 필요합니다.

이런 거처/물건이나 행위에 도망치다가 병적인 중독에 빠지는 것은 '도망치면 지는 것'의 대표적인 사례입니다. 병적인 중독에 빠지기 쉬운 도피처/사물/행위가 아닌지 판단할 수 있는 몇 가지 포인트가 있으니 열거해 보겠습니다.

① 즉각적인 쾌감과 만족감을 얻을 수 있고, 힘들고 도망치고 싶은 현실을 잊을 수 있음(즉시성)

② 손쉬운 접근성(범용성)

③ 처음에는 무료 또는 적은 금액(초기 투자비용이 적음)

④ 현실적인 대인관계가 필요 없음(비대면)

⑤ 끝이 없다(무한)

⑥ 양이나 시간, 금액을 늘리지 않으면 만족을 얻지 못함(내성)

⑦ 끊으려고 하면 짜증이 나고 정서적으로 불안정해짐(금단 증상).

⑧ 이로 인해 현실세계의 주민들과 트러블이 발생하기 쉬움 (현실적인 문제).

어떻게 생각하시나요? 얼마나 일치하시나요? 독자 여러분도 이런 성향이 강한 '도피처', '도망가는 물건', '도망가는 행위나 일'을 활용하고 있지 않으신가요? ①번부터 ⑤번까지가 의존하기 쉬운 사물이나 행위의 특징입니다. ⑥ ⑦ ⑧번은 병적 의존의 진단 기준이 되는 항목입니다.

하지만 영리를 추구하는 기업은 자체 개발하는 모든 물건들과 행위들이 이러한 경향을 하나라도 더 갖추게 하기 위해 개발하고 있으니, 이 세상은 '의존물'로 이루어지고 있다고 해도 과언이 아닐 것입니다.

저 스스로도 이런 의존성, 중독성이 강한 물건이나 일에 쉽게 빠져드는 사람입니다. 저도 무료나 저렴한 물건 구입처럼 중독성 강한 행위에 빠져서 돈과 시간을 많이 소비한 경험이 없는 것도 아닙니다.

외래에 간신히 방문할 수 있을 정도의 은둔형 외톨이였던 환자가 포켓몬 GO게임을 시작하자마자 은둔형 외톨이에서 탈출했습니다. 당시 포켓몬 GO게임이 전 세계적으로 화제가 되던 시기였습니다.

저는 '이것은 은둔형 외톨이 치료의 획기적인 치료법이 될 수도 있겠다. 어떤 게임인지 한번 해보자'라는 가벼운 마음으로 앱을 다운로드 받았습니다. 처음에는 '잠깐의 기분전환이 되겠지' 정도의 생각이었지만, 몇 주, 몇 달이 지나면서, 조금이라도 시간이 나면 포켓몬 GO앱을 열지 않고는 견딜 수 없는 기분이 되어 언제 어디서든 앱에서 포켓몬을 잡기 위해 일희일비하고 있었습니다. 그리고 괜히 멀리 외출을 하기도 했습니다.

이런 앱 게임들은 끝이 없는 활동입니다. 그만두고 싶어도 그만두기가 쉽지 않습니다. 저는 스스로 '레벨 삼십이 되면 그만두자'고 결심하고 레벨 삼십이 되는 동시에 어떻게든 끊을 수 있었지만, 당시를 돌이켜보면 명백한 의존(중독)에 가까운 상태였습니다.

중독은 마음의 병인 동시에 뇌의 병이기도 합니다. 이러한 의존이 되는 사물/행위를 접할 때, 뇌 내에서는 도파민 같은 흥분물질과 쾌감물질이 분비된다고 합니다. 이러한 물질이 뇌 내에서 과잉이 되면 '의존성 뇌(중독 뇌)'가 만들어지는 것으로 알려져 있습니다.

즉, 행동을 하면 이러한 물질이 뇌에 충분히 분비되어 쾌감을 느끼지만, 이러한 물질이 줄어들거나 고갈되면 짜증과 불쾌감이 생겨 '쾌감 물질'을 찾는 행동을 반복적으로 하게 됩니다. 이것이 바로 중독 행동입니다.

또한, 뇌 속에는 욕망과 의존을 조절하는 부위가 있습니다. 대뇌 변연계는 자동차로 치면 엑셀에 해당하며, 감정과 의욕 등을 높이는 역할을 합니다. 반면 전전두엽은 브레이크에 해당하며, 감정과 행동 등을 억제하는 역할을 합니다. 보통은 이

변연계와 전전두엽이 균형 있게 작용하여 어떤 일을 즐기다가도 자신의 의지로 멈출 수 있습니다. 하지만 어떤 요인으로 인해 전전두엽의 기능이 약해지면 '계속 하고 싶다'는 의욕이 폭주하게 되고, 이는 중독으로 이어진다고 알려져 있습니다.

전전두엽은 뇌 중 가장 늦게 성숙하는 부위로, 성장기에 있는 청소년은 특히 위험한 물건이나 일로 '도망치는' 경향이 있습니다. 이 점에 주의를 기울여야 합니다.

현대 사회에서는 인터넷을 통한 양방향의 실시간 교류가 가능해지고, 특히 코로나 사태 이후 이러한 가상세계가 눈부시게 발전하고 있습니다. 최근에는 자신의 실제 모습과 얼굴을 드러내지 않고 아바타 형태로 가면을 쓰고 가상세계에 들어가 교류할 수 있는 메타버스의 세계가 부상하고 있습니다. 이러한 가상세계, 메타버스 세계에서만 직접적으로 사람을 만나지 않고도 현대의 우리는 사회와 연결될 수 있습니다.

이런 세상은 현실이 힘든 '은둔형 외톨이'나 '신세대 우울증' 환자들에게 안전하고 편안한 도피처로 기능합니다. 저는 이런 세계에 대해 기대와 함께 위험성을 동시에 느끼고 있습니다. 즉, 이런 세계에서의 교류에는 '끝이 없다'는 것입니다. 24시간 내내 화면을 켜고 있어야만 계속 교류할 수 있습니다.

즉, 가상 세상은 '의존'의 문제를 안고 있습니다. 그곳에서는 도망치고 싶으면 바로 도망칠 수 있습니다. 자신의 ID를 삭

제함으로써 자신이라는 존재를 쉽게 소멸시킬 수 있다는 겁니다. 반면, 자신은 잠을 자고 있어도 아바타가 된 자신의 분신은 잠들지 않고 계속 걸어 다닙니다. 무서운 일이라고 생각하지 않나요? 실제로는 도망쳐서 이미 실존하는 자신이 없는데도, 마치 그곳에 있는 것처럼 가상의 세계는 만들어 낼 수 있는 것입니다. 끝이 없는, 죽음이 없는 세계입니다.

이러한 두려움을 이해하면서 저의 은둔형 외톨이 연구실에서는 직접적인 대인관계가 전혀 불가능한 은둔형 외톨이들의 '첫걸음' 지원으로 메타버스와 커뮤니케이션 로봇을 이용한 비대면 초기 지원법 개발을 진행하고 있습니다. 그러나 이것은 어디까지나 '첫걸음'입니다. 어느 단계에서든지 직접 대면하는 세팅으로 전환하는 과정이 필수적입니다.

정신건강의학과로 도망가자!

여기까지 정리하면 '도망'의 행동은 다양하다는 것을 알 수 있습니다. 프티 도피로서 '유급휴가를 하루 받아 아무 목적 없는 산책'에서부터 술이나 인터넷 게임, SNS 등 중독이 될 것 같은 물건/사물/행위에 대한 도피 액션까지. 그리고 실제로 '지금 다니고 있는 학교나 회사를 그만둔다'는 결정적인 자퇴/퇴직까지 다양한 도피 방법이 있습니다.

지난 장에서 쉽게 도망가는 행동을 할 수 있는 장소/물건/

행위에는 중독이 될 위험이 있다는 경종을 울렸습니다. 그렇다면 중독에 빠지는 '도망치면 지는' 액션이 아닌 '도망치면 이기는' 액션이 되기 위해서는 어떤 액션이 필요할까요? 쉽게 말해서 '도망치면 이기는' 궁극의 액션은 앞서 ①~⑧의 '반대성향'이 높은 사물/행위로 '도망치는' 것입니다. 이 액션들을 기재해 보도록 하겠습니다.

① 즉각적인 쾌감이나 만족감을 얻지 못하고, 힘들고 도망치고 싶은 현실을 금방 잊어버릴 수 없다(효과가 미약함)

② 접근하기 어렵다(불편함)

③ 처음부터 못 오를 나무다(높은 문턱)

④ 현실적인 대인관계 필요하다(대면, 대인관계)

⑤ 끝이 있다(유한)

⑥ 양, 시간, 금액과 만족도가 정비례하지 않다(비내성)

⑦ 끊으려고 하면 안정되고 정서가 안정된다(금단증상이 없다).

⑧ 그렇게 하면 현실세계의 주민들과 사이가 좋아진다(현실의 문제가 해결된다).

어떻게 생각하시나요? 많은 독자들이 "장난치지 마라! 누가 그런 곳에서 도망치고 싶겠어!"라고 말하고 싶었을 것입니다. 맞습니다, 사실, 엄청나게 효과적인 '도망갈 곳/도피할 물건/도피할 일'이라는 것은 많은 사람들에게는 바로 거기서부터 도망치고 싶은 장소/물건/일인 것입니다.

과연 그런 도피처가 존재할 수 있을까? 모든 것을 충족시키는 존재는 쉽게 떠오르지 않습니다. 하지만 정신건강의학과 진료 - 정신분석 - 집단정신치료의 임상 진료를 생업으로 삼고 있는 저에게는 우리가 실천하고 있는 정신건강의학과와 정신분석의 임상현장이 바로 그런 '도피처'가 될 수 있습니다. 그 점을 독자 여러분께 꼭 전하고 싶습니다.

정신건강의학과에 대해 전혀 모르는 독자들도 많을 것 같아서 정신건강의학과 임상 진료에 대해 조금 설명하면서 그 이유를 말씀드리겠습니다. 단, 여기서 말하는 것은 제 임상을 바탕으로 한 것이므로 저 이외의 임상가들이 저와 전혀 비슷한 대응을 하지 않을 수도 있다는 점을 미리 밝혀 둡니다.

② 접근하기 어렵다(불편하다) ③ 가격이 비싸다.(문턱이 높다)라는 항목에 대해 말씀드려 보겠습니다.

정신건강의학과는 문턱이 높습니다. 애초에 많은 사람들에게 정신건강의학과만은 가고 싶지 않은 의료기관이기도 합니다. 한 가지 큰 이유로는 마음의 병에 대한 편견과 낙인이 있기 때문입니다.

고액이라는 말은 일반 정신건강의학과 임상 진료에서는 해당되지 않습니다. 국민건강보험제도를 통해 처음부터 고액의 비용을 지불하지 않고도 진료를 받을 수 있도록 되어 있으며, 대부분의 정신건강의학과 진료도 이러한 제도에 의해 보장되고 있습니다.

그러나 제가 전문으로 하는 정신분석은 자비로 하는 경우가 많아 세션 진행 비용이 비쌉니다. 정신분석에서는 한 번에 45분(혹은 50분) 세션을 일주일에 네 번 이상씩 몇 년에 걸쳐 계속합니다. 적어도 3-4년은 걸립니다. 게다가 국제정신분석학회(International Psychoanalytical Association: IPA)·일본정신분석협회가 인정하는 정신분석가는 일본에는 30명 정도밖에 없습니다. 즉, 정신분석을 받는다는 것은 압도적으로 문턱이 높은 행동인 것입니다.

다만, 주 1-2회 저빈도의 '정신분석적 정신치료'도 시행되고 있습니다. 이쪽은 다소 문턱이 낮기 때문에 독자 여러분의 가까운 곳에서도 진료하고 있는 곳이 있을 것입니다.

④ 즉각적인 쾌감이나 만족감을 얻지 못하고, 힘들고 도망치고 싶은 현실을 금방 잊어버릴 수 없다(미약한 효과).

이 책에 자주 언급하는 '신세대 우울증'에 걸린 청년이 직장에서 힘든 상황에 처해 심신이 불안해져 '진단서를 써서 휴직하자'며 도망치듯 혼자 정신건강의학과를 찾았다고 가정해 봅시다.

정신건강의학과를 처음 방문하면 일반적으로 정신건강의학과 의사 또는 심리학자(임상심리사/임상심리 전문가 포함)가 차분하게 이야기를 들어주는 것으로 시작됩니다. 그 전에 접수처에서 문진표를 받아 우울이나 불안의 정도를 미리 스스로 평가해볼 수도 있습니다.

정신건강의학과 의사나 심리상담사의 이야기를 들으면 마음이 정리되고 조금 안정감이 생기지만, 그렇다고 해서 도망치고 싶었던 현실을 금방 잊을 수 있는 것은 아닙니다. 특히 제 외래에서는 초진 시 진단서를 작성하지 않는 것을 원칙으로 하고 있습니다. 진단을 내린다는 것은 쉬운 일이 아니기 때문입니다. 초진에서 처음 만난 환자를 적어도 저는 정확하게 진단할 자신이 없기 때문에 몇 번의 진료를 거친 후에 필요한 진단서를 작성하고 있습니다. 가족이나 직장 동료들로부터 가정과 직장에서의 정보를 얻은 후 정확한 진단을 내릴 수 있도록 노력하고 있습니다.

그래서 혼자 내원한 초진 환자가 "저는 우울증으로 휴가가 필요한 상태입니다. 휴직 진단서를 써주세요!"라고 요청해도 초진 시 진단서를 건네주는 경우는 거의 없습니다. (반면, 가족에 이끌려 마지못해 내원한 '멜랑콜리형 우울증' 양상을 보이는 환자에게는 초진 시 휴직 진단서를 기재하는 경우도 드물지 않게 있기도 합니다.)

그래서, '신세대 우울증'인 청년이 제 외래를 방문해도, 힘들고 도망치고 싶은 현실을 바로 피할 수 있는 것은 아니며, 초기 치료 효과가 미약하여 실망하는 청년도 있을 수 있습니다.

돌이켜보면 저도 정신건강의학과 의사가 된 지 얼마 안 된 젊은 시절에는 이런 상황에서 "네, 그럼 3개월간 자택 요양 진단서를 발급해 드리겠습니다."라고 망설임 없이 진단서를 작성했었습니다. 이런 진단서의 효과는 극적이었고, 즉각적인 효과가 있었습니다. 진단서를 받은 것만으로 좋아졌는지, 두 번째부터는 병원에 오지 않는 학생도 있었고, 입사한 지 얼마 안 된 회사원도 있었습니다.

하지만 쉽게 진단서를 발급받아 쉬게 된 환자들의 장기 경과를 살펴보면, 꼼수로 장기 휴직 후 퇴직에 이르고 다음 회사에 취직해도 비슷한 패턴을 반복하여 결국은 은둔형 외톨이로 전락하는 사례가 많다는 것을 알게 되었습니다.

지금 저는 너무 '즉각적'인 대응은 주의해야 한다고 생각합니다. 휴직이나 재배치(순환근무) 등 '탈출구'를 제공함으로써 극적으로 우울증 증상에서 벗어나는 경우도 있지만, 일시적인 개선에 그치기 쉽습니다. 타루미 선생은 2005년 '기분부전형 우울증' 논문에서 이런 환자들은 "휴식과 약물치료만으로는 만성화되는 경우가 많다"고 적고 있습니다. 이미 20년 가까이 전에 타루미 선생은 단순히 '도망치기' 만으로는 '신세대 우울증'적인 사람은 '도망치면 지는 것'이 된다는 것을 통찰하고 있었던 것입니다.

필자의 전문 외래 클리닉에서는 초기 단계 평가(assessment)

에 충분한 시간을 할애하고 있습니다. "지금 보이는 우울증이 멜랑콜리형인가? 신세대형 인가?"라는 평가에 세심한 주의를 기울이고 있습니다. 정신과적 인터뷰뿐만 아니라 설문지, 심리검사 등을 통해 다각적으로 개인의 상태를 파악하기 위해 노력하고 있습니다.

'도망간다'에 얽힌 에피소드가 과거와 현재의 삶, 그리고 인생에 어느 정도 영향을 미치는지 평가합니다. 향후 보다 객관적으로 구분할 수 있도록 채혈과 심리검사를 결합한 AI 평가 시스템도 개발 중입니다. 이러한 평가를 바탕으로 치료를 시작하게 됩니다.

정신건강의학과 치료는 크게 '약물치료'와 '심리사회적 개입' 두 가지로 나눌 수 있습니다. 필자의 저서 『마음의 치료에 종사하는 사람이 알아야 할 정신계 약물 』〔메디카 출판, 2012년〕에 자세히 설명되어 있지만, 정신과 약물요법에는 항우울제, 항정신병약, 기분안정제, 항불안제 등 다양한 약물이 있습니다.

'도망치는 것'에 대한 깊은 죄책감이나 수치심을 가지고 '도망치지 않는' 삶을 살아온 '멜랑콜리형 우울증'인 경우, 일반적으로 약에 잘 반응합니다. 반면 '신세대 우울증'같은 청년의 경우, 약만으로는 일시적인 승리감(안정감)만 가져다줄 뿐, 결과적으로 '도망치지만 패배'가 되기 쉽습니다. 그래서, 이런 환자들에게는 약을 처방하더라도 심리사회적 개입을 병행할 것을 제안하고 있습니다.

현재 가장 많은 증거를 가지고 보급되고 있는 정신치료(심리치료, 정신요법)는 인지행동치료(Cognitive Behavioral Therapy: CBT)이며, CBT는 매뉴얼화된 단기 정신치료로, 정해진 횟수의 치료 세션을 받음으로써 사고방식의 습관(인지적 왜곡)을 교정하고 대인관계 능력과 사회적 적응력을 향상시킨다고 알려져 있습니다.

인지행동치료를 집단으로 진행하는 집단 인지행동치료도 확산되고 있습니다. 일본에서는 리워크(Rework)라는 휴직자 대상 취업지원 프로그램이 국가적 지원 하에 보급되고 있으며, 리워크 프로그램 중 집단인지행동치료를 받을 수 있습니다. '신세대 우울증'성향 청년이 휴직에 이르게 된 경우, 약물치료뿐만 아니라 리워크의 활용을 적극적으로 추진하고 있습니다.

정신분석으로 '도망치는 마음'을 들여다본다.

약물치료, 인지행동치료, 재취업, 취업전환 지원 등 공적 지원으로 제공되는 사회자원을 활용해도 '도망치면 지는' 상황에서 벗어나기 어려운 환자도 적지 않습니다. 그 전형이 바로 '은둔형 외톨이'들입니다.

경제적으로 풍족하고, 학력도 높고, 외모도 좋고, 대학 입학이나 졸업까지의 경력을 보면 모두가 부러워할 만한 청년이라도, 혹은 그런 청년일수록 '도망치면 지는' 은둔형 외톨이 상황에서 벗어나기 위해 고군분투하고 있는 것입니다.

이러한 다양한 치료와 사회적 자원을 활용해도 '도망치면 지는' 상황이 지속되는 청년에게는 어느 단계에서 저는 정신분석적 정신 치료를 권유하고 있습니다. 물론 제 시간에는 한계가 있고, 모든 사람에게 장시간이 소요되는 정신분석을 제가 할 수는 없습니다. 그런 경우에는 다른 정신분석가나 정신분석적 정신치료를 하는 전공의/의사/심리치료사에게 소개하고 있습니다.

제3장에서 소개한 것처럼 정신분석적 이론에 근거해 보면 우리 모두의 마음 속에는 누구나 예외 없이 '도망치고 싶은 마음'이 있습니다. 맹렬히 돌진하는 영웅이라도 도망치고 싶은 마음을 품고 있을 수 있습니다. 프롤로그에서 소개한 사례의 등장인물들도 사실은 모두 도망치고 싶은 마음을 가지고 있는 겁니다.

하지만 우리 대부분은 자신의 속에 "도망치고 싶은 마음"이 존재한다는 것을 인정하고 싶지 않고, 보고 싶지 않은 것이 사실입니다. "내 마음 속에 그런 도망치고 싶은 마음이 있다니, 그럴 리가 없어! 나는 결백합니다, 나를, 내 마음을, 더럽히지 말아주세요!"라고 외치고 싶은 독자도 있을 겁니다.

그렇습니다, 우리 인간은 '못 본 척'을 하게 만드는 작은 존재인 것입니다. 현대인은 빠른 속도로 열심히 달리는 것으로 '도망치고 싶은 마음'을 보지 않아도 되는 것일지도 모릅니다.

정신분석은 이런 외면하고 싶은 '보기 싫은(추한)' 마음에 덮개를 씌워주는 곳입니다. 그러나 정신분석은 일반적으로는 도피처로 선호되지 않습니다. 적어도 현대 사회에서는 그렇습니다. '매뉴얼대로 하면 금방 나아요'라는 식의 패키지화 된 치료를 현대인들은 쉽게 찾는 경향이 있습니다.

다만 많은 사람들이 이러한 패키지화 된 치료법에 대한 근거가 있다고 믿지만, 실제로는 삶의 어려움과 '도망치고 싶은 마음'의 고통이 완전히 해소될 수 있는지에 대한 확실한 근거는 없습니다.

제 개인적인 생각으로는 정신분석은 마음의 고통을 정면으로 마주하는 치료입니다. '도망치고 싶은 마음'을 마주하는 것은 다소 고통스럽습니다. 역설적이지만 현대인에게 인기가 없는 정신분석은 궁극적인 '도망치면 이긴다'가 되기 위한 조건(⑥비내성 ⑦금단증상이 없을 것)을 충족시키는 것입니다.

저는 우선 주 1회, 2회 정신분석적 정신치료로 시작해서 단계적으로 주 4회 정통 정신분석으로 전환하도록 하고 있습니다.

애초에, 주 한 번의 정신분석적 정신치료의 제안조차도 대부분의 환자들은 '도망치는' 행동을 취합니다. "그건 불가능합니다. 매주 정해진 시간에 다니는 것은 지금 내 삶에서는… 불가능합니다”며 온갖 이유를 대며 거절하려 합니다. 빈도를 늘리자는 제안을 할 때도 마찬가지입니다. 많은 환자들은“싫어요, 지금 이대로도 충분해요. 시간도 없고 돈도 없어서 못하겠어요”라고 망설입니다. “선생님은 아무런 조언도 해주지 않는데, 이런 곳에 매일매일 와서 시간을 보내는 것이 무슨 의미가 있나요?”라는 식의 불만을 토로하는 환자들도 적지 않습니다.

즉, 정신분석은 내성이 적습니다. 물론 시간이 지나면 어느 정도 내성이 생겨서 일주일에 네 번씩 정신분석을 계속 받고 싶어 하는 환자도 나오게 되지만요.

굳이 ○○하지 않아도 되는 곳

나 자신은 정신분석가가 되기 위한 후보생으로서 주당 네 번의 정신분석(교육분석)을 스스로 7년에 걸쳐 받았습니다.

정신건강의학과 의사가 되어 수련을 마치고, 30대 초반이 된 저는 임상 연구원이 되어 정신건강의학 임상과 뇌과학 연구에 종사하고 있었습니다. 한편, 정신분석적 정신치료도 하고 있었습니다. 다만, 당시 소속되어 있던 규슈대학교병원 정신신경과[10]에서는 정신분석의 전통이 단절되어, 지도교수가

10　일본에서는 신경정신의학을 정신신경의학이라고 한다. 현재 우리나라는 신경정신의학에서 정신건강의학으로 개명하였다.

없었습니다. 그래서 아마추어나 다름없었으므로, 잘 될 리가 없었습니다.

다행히 후쿠오카에는 정신분석가를 양성하기 위한 훈련을 받을 수 있는 토양이 있었습니다. 저는 규슈대학교병원 정신신경과를 살짝 도망치듯 빠져나와서, 병원 의국 밖에서 하는 훈련 과정을 밟게 됐습니다. 앞서 말했듯이 이 사실을 교수님께도 말씀드리지 않았습니다. 진료실에서 시간을 쪼개서 몰래몰래 도망나와 정신분석 교육 세션에 계속 다니고 있었습니다.

교육 분석이라고는 하지만 실제로는 '환자(피분석자)'로서의 경험이었습니다. 자신의 무의식 속에 숨어있던 '도망가고 싶다'는 마음 조각을 천천히, 천천히, 조금씩, 조금씩, 훈련 분석가에게 다뤄달라고 부탁했습니다.

정신분석에서는 굳이 치료자가 주제를 제시하지 않습니다. 자유 연상법이라고 해서, 시간이 되면 정신분석가가 "시작합시다"라고 말하고, 그 다음에는 환자가 머릿속(마음속)에 떠오르는 것을 자유롭게 이야기하는 방식입니다. 그리고 종료 시간이 되면 분석가가 "끝냅시다"라고 말하면서 그날의 세션은 끝납니다. 이렇게 반복됩니다. 물론 분석가가 가끔 발언을 하기도 하지만, 일상 대화처럼 매끄러운 티키타카식 대화(주거니 받거니 하는 대화)는 아닙니다.

　　환자는 무엇이든 말할 수 있지만 "자유롭게 말하세요"라고 하면 할수록 '자유롭게 말하기'는 어려워지는 법입니다. 그러므로 침묵의 시간이 긴 것이 정신분석의 특징입니다. 이러한 긴 침묵의 시공간을 쌓아가는 동안 "나는 항상 억지로 말을 하고 있었구나... 하지만 그냥 주변에 맞추기 위해 말을 한 것일 수도 있어. 그렇구나, 사실 나는 ○○에서 도망치고 싶었구나! ○○에서 도망치고 싶었어! 그래, 그래", "나는 자유롭게 살아왔다고 생각했는데 사실은 억지로 살아왔구나......"라는 식의 발언(생각)이 조금씩 나오게 됩니다.

정신분석을 기반으로 한 집단 정신치료(그룹 심리치료)

　　저 자신은 정신분석 훈련을 시작하기 전에 정신분석적 집단 정신치료를 경험한 적이 있습니다. 정신건강의학과 의사가 된 지 3년 차 여름, 이틀 간의 '체험 그룹'이라는 주말 연수회였습니다. 당시 수련하던 병원의 원장님이 저에게 '도쿄에서 집단정신치료 연수가 있으니 한번 가보라'고 권유해 주셨습니다. 어려운 상황에서도 원장님께서 여행 경비와 참가비도 지원해 주셨습니다.

　　이틀에 걸친 집단치료 체험이었는데, 여기서 나는 처음으로 '침묵'을 경험했습니다. 정신건강의학과 의사, 간호사, 심리학자, 사회복지사 등 다양한 직종의 십여 명의 회원들이 명찰을 달지 않고 조용히 원탁에 둘러 앉아 있다가 지휘자라고 불리는 치료자 선생님의 "시작합시다"라는 한 마디 후, 십여 분 이상 침묵이 이어졌습니다.

실제로 몇 분 동안 침묵이 지속되었는지 확실하지 않지만, 주관적으로는 십 분 이상 지속된 것 같은 고통스러운 경험이었습니다. 하지만 이 침묵 체험은 지금까지 내가 서툴렀다고 강하게 느꼈던 그룹(학교 수업, 체육부 등) 속에 있을 때 느꼈던 '여기서 도망치고 싶다!'라는 불편함과는 다른 교정적 집단 정서 체험이기도 했습니다. 그저 침묵을 견뎌내는 주관적인 경험이었지만, 그동안 "사람들 앞에 나가면 말을 하지 않으면 안 된다"는 말을 계속 들었는데, 침묵이 존중받고 '조용히 있어도 괜찮다'는 세상을 만난 것입니다.

'체험 그룹'이라는 집단 정신치료의 체험/훈련을 거듭할수록 그룹 속 침묵에 편안함을 느꼈습니다. 침묵에 몸을 맡기면서 '나는 왜 그룹에 서툴렀던 것일까?'라는 것을 희미하게나마 체감할 수 있게 되었습니다.

일상적으로 관여하는 학교나 직장 등 동료 압력이 발생하기 쉬운 그룹에서는 '주변 사람들과 어울려야 한다!' 라는 무의식적인 압력이 발동하게 되고, 이러한 압력으로 인해 그룹에서 '도망치고 싶다'는 마음이 생겨서, 그것이 실제로 도망친 요인이었을지도 모릅니다. 그렇게 자신의 삶을 되돌아볼 수 있었습니다.

어렸을 때 연극 무대에 오르지 못한 것을 지금도 부모님께 놀림을 받을 정도로 저는 원래부터 내성적이고 도망만 다니고, 단체생활을 싫어하는 편입니다. 교실이 불편하고, 동아리 활동에서도 적응하지 못했고, 대학 시절 체육부 활동에서 좌절감을 경험한 것을 계기로 은둔형 외톨이 생활을 한 적도 있습니다.

그렇게 도망치듯 인생을 살아온 저였기에 열렬히 권유 받았던 외과 같은 활동적인 의국에는 가지 않고, 도망치듯 정신건강의학과 의사의 길을 선택했습니다. 게다가 정신건강의학과 의사가 되어도 불편함은 가시지 않았고, 규슈대학교병원 정신신경과 의국에서조차도 살짝 도망쳐서 결국 도착한 곳이 이 집단정신치료 체험, 그리고 정신분석입니다.

저 자신이 환자의 입장이 되어 집단정신치료-정신분석을 몸소 체험했기 때문에 '도망치고 싶은 나'와 '도망치는 나'의 속임수를 알아챘던 것입니다. 그 전까지는 그 속임수를 의식적으로 몰랐기 때문에 무의식적으로 속에서 '도망치면 지는' 행동을 반복하고 있었습니다.

머무는 동안 도망치다

정신분석(정신분석적 집단 정신치료 포함)은 '신세대 우울증'에 걸린 청소년과 '은둔형 외톨이'인 사람들을 도와줄 수 있습니다. 이들의 심층심리에는 '힘든 현실에서 벗어나기 위해서는 아무도 없는 방에 혼자서 도망가는 것 외에는 방법이 없다'라는 생각이 있습니다. 이런 분들의 치료의 핵심은 '사회 속에 있으면서 혼자 있을 수 있게 되는 것'이라고 저는 생각합니다.

정신분석학자인 페어베언은 "은둔형 외톨이의 심성은 누구에게나 있다"고 말했습니다. 위니콧도 "혼자 있을 수 있는 능력(capacity to be alone)을 기르는 것이 독립적인 어른이 되기 위해 중요하다" 라고 말하고 있습니다. 저의 지난 저서 『모두의 은둔형 외톨이』 속에서 저는 이 능력을 '은둔 능력'이라고 명명했습니다.

동료 압력이 강하고, 상호 의존적이며, '아마에'[11]를 기조로 한 문화 사회를 살아가는 우리들은 '그룹 속에 숨어드는 능력'을 얻을 기회가 많지 않습니다. 저 자신이 '집단 정신치료 체험 그룹'과 정신분석 훈련에서 환자의 입장에 서 보면서 얻은 가장 큰 깨달음은 '모두의 안에서 조용히 있어도 괜찮다', '때로는 도망쳐도 괜찮다'라고 생각하게 된 것이 아닐까 되돌아보게 됩니다.

집단 정신치료 세션 내에서 침묵의 시공간을 함께 함으로써 자신의 내부 속에 있는 '침묵하는 것', '도망치는 것', 즉 '은둔하는 것'의 긍정적인 측면을 깨닫고 그것을 치료자가 품어

---

11 "아마에(甘え, Amae)"는 일본 문화와 심리학에서 매우 중요한 개념으로, 서양에는 정확히 대응되는 단어가 없는 일본 특유의 정서 개념이다. '정'이 가장 한국적인 정서인것과 비슷하다. 아마에는 타인의 애정, 배려, 용서에 기대는 심리 상태. 즉, 의존하면서도 그것이 받아들여질 것이라는 믿음 아래 감정이나 행동을 드러내는 태도를 말한다. 이러한 아마에가 제대로 수용되지 않거나 거부될 경우, 개인은 사회적 상호작용에서 어려움을 겪을 수 있으며, 이는 히키코모리(은둔형 외톨이) 현상과도 관련이 있다.

주고, 자신도 품을 수 있게 될 때, 그 치료의 장소는 "머무는 곳(거처)"이 됩니다.

그렇게 인생에서 처음으로 물리적으로 안심할 수 있는 거처를 얻고, 그 경험이 쌓여 마음의 안에도 안심할 수 있는 거처가 생기고, 병적인 은둔에서 벗어나 사회 속에서 때로는 움츠러들면서도 물리적으로는 은둔하지 않고 사람들과 계속 관계를 맺을 수 있는 그런 사람이 되는 것이 아닐까 생각합니다.

저 자신도 지금도 현대 사회에 만연한 동료 압력에 굴복할 일이 전혀 없는 것은 아니지만, 예전보다는 현대 사회라는 집단 속에 '가만히 숨어 있는 것'이 가능해진 것 같기도 합니다.

네거티브(부정적인 마음)의 속임수

여기서 한 가지, '신세대 우울증'적인 청년과 은둔형 외톨이들의 의식과 무의식의 세계를 도식화해봅니다(그림). 이처럼

「거짓된 자기」를 살아온 사람들이 「병적인 은둔형 외톨이」 모드

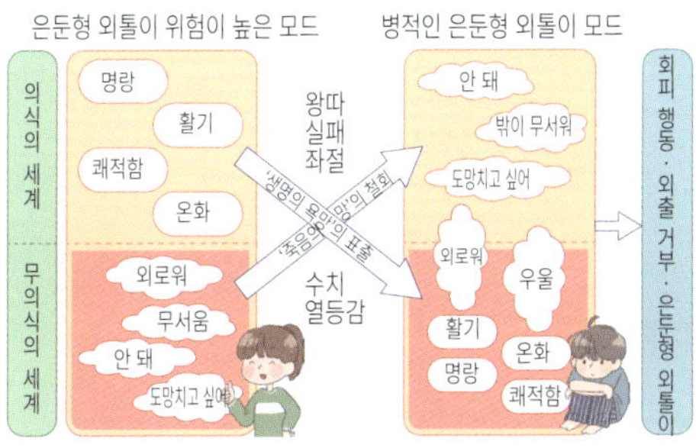

(가토『모두의 히키코모리 — 연결의 시대를 살아가는 처세술』, 2020에서 인용 및 각색)

이들에게 의식의 세계와 무의식의 세계는 단절되어 있고, 양자의 양방향 교류는 의식적으로 이루어지지 않습니다. 언뜻 보기에 '은둔형 외톨이'와 무관해 보이는 사람은 이제 '인싸'라고 불리고 있는 것 같습니다. 의식적으로는 자신이 '인싸'라고 믿고, '명랑', '활기', '쾌활', '온순'한 자신만이 자신의 마음 속안에 존재한다고 믿고, 그렇게 행동하며 학교나 회사 속에서 유쾌하게 살아가고 있습니다, 적어도 인생의 중반까지는 말입니다.

하지만, 정신분석학 이론에 따르면 누구에게나 '외롭다', '무섭다', '안 된다', '도망치고 싶다'는 '음침한' 마음은 존재합니다. 하지만, 그들에게 이러한 마음은 두꺼운 뚜껑이 덮인 맨홀 안쪽과 같은 무의식의 세계에 가라앉아 있는 것입니다.

그래서, 따돌림, 실패, 좌절과 같은 불운에 직면했을 때 그들의 무의식 속에 숨겨져 있던 추악한 마음의 조각이 드러나게 되는 것입니다. 지금까지 만난 적 없는 '못생긴(보기 싫은)'마음을 만났을 때, 알레르기 반응처럼 행동하여 사회로부터 도피하고 움츠러드는 것입니다.

정신분석(혹은 정신분석적 집단정신치료)에서는 이러한 마음을 정성스럽게 시간을 들여 다루어 갑니다. '무의식 속에 숨어 있는 마음'을 자각할 수 있게 되면 인간은 역설적이지만 강해질 수 있습니다. '약한 것이 강한 것'입니다.

세션의 속에서 치료자와 둘이서, 혹은 그룹 멤버들과 함께 하는 대인관계 속에서 침묵하고 있는, 그리고 그동안 가려져 있던 '음침한(받아들이기 힘든) 마음'이 자신에도 있다는 것을 점차 자각할 수 있게 됩니다. 이러한 침묵의 세션에 익숙해지면 의식과 무의식의 세계에서 '마음'을 오갈 수 있게 되고, 평소에는 부정적인 감정과도 잘 어울릴 수 있게 됩니다.

이렇게 세션을 이어가다 보면, 그동안 부정적으로만 생각했던 '음침'한 면을 가진 자신을 천천히 의식적으로 받아들일 수 있게 됩니다.

이러한 경험을 통해 의식의 세계와 무의식의 세계와의 교류가 활발해지면서 물리적으로 도망치지 않아도 '오늘은 도망가고 싶은 모드지만, 뭐, 하루만 더 버티면 내일은 맑아질지도 모르니까' 같은 마음이 됩니다. 이처럼 평소에 의식하게 되고 나면, 그 동안 알레르기 반응처럼 과도한 도피 행동을 일으켜서 '도망치면 지는 것'을 수없이 반복하던 삶에서, 천천히, 의식하면서 단계적으로 도피 행동을 실천할 수 있게 되는 것입니다. 일종의 도식(schema)입니다.

비온이라는 정신분석학자는 시인 키츠의 말을 인용하여 이러한 능력을 '네거티브[12] 역량(부정적 역량)'이라고 불렀습니다. 이러한 부정적 능력(반대 급부를 이용하는 능력; 속칭 청개구리 작전)을 획득함으로써 물리적으로 도망치지 않아도 마음 속에 '도피처(거처, 마음 둘 곳, 안식처)'가 생겨 역설적으로 인간은 강해지고, 지금 있는 곳에서의 삶의 고단함이 줄어들어 그곳이 삶의 터전이 되고, 사회 속에서 살아가기 쉬워진다는 것입니다.

능숙하게 도망치기 위한 졸업식

정신분석은 1년 단위 이상의 치료 기간이 필요하지만, 영원하지 않고 물론 '끝이 있다(유한)'는 것입니다. 정신분석에서는 치료의 끝을 '종결'이라고 부르며 소중히 여깁니다. 몇 개월 전에 '종결'의 날을 정하고, 정신분석가와 환자는 시간을 두고 천천히 이별을 경험합니다. 이러한 이별을 공유하는 시간 속

---

12 부정적 역량이란, 불확실함, 모호함, 해결되지 않은 상태를 서둘러 판단하거나 도망치지 않고 그대로 견디고 머무를 수 있는 마음의 힘을 의미한다. '도망칠 수 있는 여유가 있음'이 인간을 오히려 강하게 만든다는 말이다. 내면의 피난처가 생기면, 지금 있는 현실도 덜 고통스럽게 느껴지고, 거기에서 살아가는 게 더 쉬워진다는 치유적 패러독스다.

에서 '도망치고 싶은/도망치고 싶지 않은' 마음이 정리되어 갑니다.

'도망치지만 패배'로 이어지기 쉬운 것은 종결 즉 '졸업'을 날려버리고 도망친 때입니다. 이별 의식을 거쳐 다음 거처로 이동한 경우에는 지금까지의 거처에 살던 사람들도, 도망 당사자들도 서로 간의 앙금을 어느 정도 해소할 수 있게 되고, 도망 당사자는 비교적 상쾌하게 다음 단계로 넘어갈 수 있습니다. 그렇지 않고, '졸업'이라는 의식 없이 '도망가는' 행동을 취한 경우에는 '도망치면 지는' 상황이 되기 쉽습니다.

쓸쓸한 경험이 있습니다. 이것도 동아리 활동에서 있었던 일입니다.

중학교 시절 만년 후보 경험으로 운동에 소질이 없음을 깨달은 저는 고등학교 시절에는 동아리 활동을 하지 않고 살았습니다. 그런데 대학에 입학해 의대에 입학한 후, 체육부 활동을 권유 받았습니다.

키가 큰 저는 여러 체육부, 특히 럭비부에서 열렬히 권유를 받았어요. 아시다시피, 럭비공은 야구공보다 수십 배나 큰데다 타원형으로 둥글지 않잖아요. 저는 큰 오해를 하게 되었습니다. '야구공은 저한테는 너무 작아서 공을 잘 잡지 못했는데 럭비공은 크니까 괜찮을 것 같다'고 생각했습니다. '분명 공부만 해온 의대생들이니까 다들 나처럼 운동신경이 없겠지'라는 큰 착각을 한 것입니다.

실제 동아리 활동은 초인적인 문무겸비 선배들만 있는 체육부 특유의 분위기로 육체적 고통뿐만 아니라 정신적 고단함을 견디기 어려웠습니다. 재학 중 발목이 골절된 것을 핑계로 계속 쉬고 또 쉬고, 계속 도망치다 보니 어느새 유령부원이 되어버렸습니다. 제대로 '그만둔다'는 말을 부장이나 선배들에게 제대로 전하지 않고 도망치듯 퇴부한 쓰라린 경험입니다.

그 후 의대생 시절은 '대학 캠퍼스에 가면 럭비부 선배를 만나 손가락질당하지 않을까'라는 불안감, 두려움, 죄책감, 미안함, 비굴함 등이 뒤섞여 점점 캠퍼스와 멀어지고, 그야말로 은둔형 외톨이 의대생으로 전락하고 말았습니다.

정신건강의학과 의사가 되면서 은둔형 외톨이들을 진료할 기회가 많아졌습니다.

저와 비슷한 경험을 가진 은둔형 외톨이들이 적지 않다는 것을 알게 되었습니다. 이전 조직(학교, 회사 등)으로부터 도망치듯 떠난 것이 은둔형 외톨이가 된 계기가 되고, 그 억울함을 끌어안고 있다는 것이 밝혀지고 있습니다.

그래서 저는 은둔형 외톨이들에게 '졸업식' 같은 경험을 하게 하는 것이 치료적 효과가 있을 거라는 생각을 하게 되었습니다. 졸업식이라는 것은 그동안의 미안함과 후회가 뒤섞인 어렴풋한 정서를 포장하고 정화하는 작용이 있는 것 같습니다.

저는 매주 한 번씩 은둔형 외톨이를 대상으로 정신분석적 집단 정신치료를 하고 있습니다. 포맷은 제가 환자 입장에서 경험한 '체험집단'과 크게 다르지 않습니다. 주제를 전혀 주지 않고, '시작합시다'라는 말로 시작해서 정각이 되면 '끝냅시다'라는 말로 끝나는, 침묵이 대부분을 차지하는 그룹입니다.

그 곳에서는 멤버가 그만두게 될 경우, 적어도 한 달 전에 '그만둘 것'을 그룹원 모두에게 공유하고, 마지막 날을 특별한 '졸업'의 날로 정하고 있습니다.

마지막으로 가상의 그룹 사례를 하나 말해 보겠습니다.

제가 럭비부 활동을 유령처럼 그만두었던 것처럼, 한 여성 회원은 지금까지의 조직에서 제대로 된 '작별 인사'를 하지 않고 힘들어지면 갑자기 도망치듯 그만두는 패턴을 반복하고 있었습니다. 집단 심리치료 무대에서도 비슷한 상황이 벌어졌습니다.

한 번은 세션에서 힘들었던 그녀는 그날 그룹이 끝난 직후 진료실에서 "더 이상 이 그룹은 안 돼요, 그만둘래요!"라고 눈물을 흘리며 호소했습니다. 저는 그녀의 호소를 경청하면서 "네, 알겠습니다. 그럼 오늘로 끝냅시다."라고 말하지 않았습니다. "지금 당장 그만두고 싶은 마음은 충분히 이해합니다"라는 말과 함께 "당신은 우리 그룹의 소중한 일원입니다. 만약 당신이 그만둔다면 '졸업식'을 열고 싶으니 한 번만 더, 어느 시점에 참여해 주시면 좋겠습니다"라고 제안했습니다.

그녀는 몇 주 동안 고민한 끝에 '졸업 모임'이라고 이름 붙인 날 그룹에 참석해 동료 멤버들에게 직접 '작별 인사'를 했습니다. 그녀에게 이런 식으로 구성원(조직)이 지켜보고 배웅하는 가운데 졸업하는 경험은 처음인 것 같았습니다. 이 '졸업' 경험을 통해 그녀가 탈출한 그룹이라는 곳은 더 이상 '그냥 도망치고 싶은' 싫은 곳이 아니게 된 것 같습니다. 이후에도 가끔 외래에서 이전 그룹원과 오랜 친구처럼 대화를 나눌 수 있게 되었다고 합니다.

놀랍게도 그녀는 "몇 년 전 도망치듯 떠났던 조직이 있는 지역에 더 이상 접근하지 못하고 있어요"라고 밝히며, "최근 그곳을 찾아가서 그동안 죄책감 때문에 피했던 옛 친구들을 직접 만나 인사를 나눌 수 있었어요"라며 기쁜 듯이 말했습니다. 제대로 '졸업'하는 방법을 터득한 그녀에게 이전의 거처는 무서운 곳이 아니라 어딘가 '모교'와 같은 안식처가 된 것입니다.

참고로 집단정신치료로 마음의 졸업식을 경험한 그녀인데, 이전에는 마음이 괴로운 상태가 되면 그 괴로움에서 벗어나기 위한 손쉬운 방법으로 폭식 구토를 반복했습니다. 당시에는 폭식

외에는 '탈출구'가 없었을 텐데, 이후 그녀는 제대로 졸업하고 탈출한 그룹이라는 거처를 육체적으로도, 마음 속에서도 만들 수 있었고, 병적인 은둔 상태에서 벗어났을 뿐만 아니라 폭식 구토 증상도 해결되었습니다.

그렇다고 해서 소위 '인싸'라고 불리는 화려한 무대에서 반짝반짝 빛나는 무대에 오른 것은 아닙니다. 지금도 가끔은 실패하고 움츠러들어 '도망가고 싶다'는 생각이 들지 않는 날이 없는 것은 아닙니다. 하지만 그녀는 이전의 그녀와 다릅니다. 지금의 그녀는 현실과 가상의 세계 속에서 '도망치고 싶은' 마음을 토해내고, 때로는 정말 도망치기도 하고, 적당히 도망치는 그녀를 지지해주는 파트너와 친구들을 얻으며 '행복한 은둔형 외톨이 인생'을 보낼 수 있게 되었습니다.

끝.

어땠나요? 이 책을 읽으면서 여러분들의 마음속에 있는 '도망치고 싶은 나'와 '도망치고 싶지 않은 나'를 발견할 수 있었나요?

마지막으로 이 책에서 전하고 싶었던 내용을 정리해 보겠습니다.

동물이라면 쉽게 '도망가는' 행동을 하고 '도망치면 이기는 것'으로 살아남을 수 있지만, 우리 인간은 도망치지 않는 행동을 미화하고, 결국 '도망치면 지는 것'이라는 신념에 지배되어 도망치는 행동을 주저하는 경향이 있습니다. 실행(액션)을 주저하는 경향이 있다는 것입니다.

거기에는 '도망치는 것은 부끄러운 일'이라는 우리의 부끄러움 문화도 관련되어 있었습니다. 우리는 흔히 도망치는 사람을 '패배자', '약자'라고 비하하기 쉽지만, 비하하는 것으로 겨우 '내가 승자?', '승자가 되고 싶다'는 환상의 세계 속에서 (거짓) 마음의 건강을 유지하고 있는지도 모릅니다. 내가 중학교 시절, 만년 후보이면서도 야구부에서 벗어나지 못했던 것도 분명 그렇게 환상(판타지)이 있었기 때문일 것이다.

프롤로그에서 소개한 도망치지 않는 등장인물들 역시 그런 (거짓된) 자리에 매달려 있었던 것입니다. 그러나 그러한 환상은 안타깝게도 결국 파탄에 이르게 됩니다. 그리고 도망치지 않는 사람들은 결과적으로 '멜랑콜리형 우울증'에 걸리거나 심신의 불안을 겪게 되고, '도망치지 않으면 패배'가 될 위험이 큽니다.

이 책에서 특히 전하고 싶었던 것은 인간이기 때문에 누구에게나 '도망치고 싶은 마음'이 존재한다는 것입니다. 프로이트는 인간의 무의식 속에 살기를 갈망하는 '생의 욕망' 뿐만 아니라 죽음으로 향하는 본능인 '죽음의 욕망'이 존재한다는 대담한 이론을 제시했습니다. 프로이트는 '죽음의 욕망'을 잘 통제할 수 있게 되면 온갖 다툼, 전쟁, 그리고 자살을 예방할 수 있지 않을까?라고 생각했던 것 같습니다. 독자 여러분도 '없는데, 있는데, 없는데(까꿍 놀이)'로 환희했던 유아기, '도망치면 이기는' 숨바꼭질이나 다방구(얼음 땡, 꼬리 치기)에서 잘 도망칠 수 있어 기뻐했던 학창시절을 경험해 보셨을 것입니다. 도망치는 것은 인간의 본능이라고 할 수 있습니다. 하지만 어른이 되면서 '도망치는 것은 나쁜 것'이라는 세계로 들어가게 됩니다.

독자 여러분, 부디 자신의 마음속 속의 '도망치고 싶은 나'

를 쫓아내려 하지 말고 친구가 되어 주셨으면 합니다. 내 마음의 속에 있는 도망치고 싶은 나와 도망치고 싶지 않은 나를 발견함으로써 극단적으로 '도망치지 않는' 세계의 주민이 되거나, 극단적으로 '도망치는' 세계의 주민(극단적인 은둔형 외톨이)이 되는 것을 예방할 수 있습니다. 혹은 이미 그런 상황에 처한 사람이라면 그런 극단적인 상황에서 벗어날 수 있을 겁니다.

물론 자신의 마음 속에서 '도망치고 싶은 나'를 발견하면 갈등이라는 것이 생기게 됩니다. 이 책을 읽고 자신의 속에서 '도망치고 싶은 나'를 발견하고 충격을 받은 분이 계실지도 모르겠습니다. 갈등은 우리를 '멍하게' 그리고 괴롭게 만듭니다. 그래서 우리 인간은 갈등을 겪지 않아도 되는 극단적인 생각으로 치닫는 경향이 있습니다.

그러나 갈등이라는 것은 살아 있는 한, 제로가 될 수 없습니다. 정신분석가나 치료사는 내담자가 자신의 갈등을 자각하고, 그 갈등을 자신의 마음 속에 담아둘 수 있도록 도와주는 역할을 합니다. 즉, 도망칠 수 있는 마음의 거처를 만들 수 있도록 도와줍니다.

'도망치고 싶은 나'의 존재를 자각하지 못하는 단계에서는 도망치고 싶은 상황에 처했을 때 극단적으로 참거나 극단적인 도망치는 행동을 하게 되고, '도망치지 않으면 안되는 것', '도망치면 지는 것'이 되어 버립니다.

그러나 '도망치고 싶은 나'가 자신의 마음 속에 항상 존재한다는 것을 깨닫게 되고, '도망치고 싶은 나'와 적당히 친해지면 현실 세계에서 도망치고 싶은 상황에 처하더라도 '도망치고 싶은 나'와 '도망치고 싶지 않은 나'와 협력하면서 비교적 침착하게 도망치는 액션을 단계적으로 취할 수 있게 됩니다.

'도망'이라는 선택지가 없고, 사례들 속 주인공처럼 답답한 삶을 강요당하는 사람들, 혹은 '도망치면 지는' '신세대 우울증'이나 '은둔형 외톨이'에 빠진 사람들. 그런 여러분의 인생이 어느 정도 궤도를 수정하고, 약간의 고난이 닥쳐도 극복할 수 있는, '도망칠 수 있는' 마음의 안식처가 만들어지길 바랍니다.

또 만나요

『도망』 원고 (이번 책을 만드는 동안 우리는 이렇게 불렀습니다.), 드디어 완성했습니다. 이제 남은 것은 이 '후기'만 남았습니다.

『모두의 히키코모리』 제 2탄 출간을 위한 격려를 받고 2011년에 붓을 잡기 시작한 이후, 이 집필 작업 자체에서 도망친 적이 수십 번, 아니 수백 번 이상. 몇 달, 계속 도망치다가 한 문장도 진행되지 않은 적도 종종 있었습니다. 그런 글쓰기가 진행되지 않던 시기를 돌이켜보면, 당시 저는 나 자신의 '도망치고 싶은' 나를 의식하지 못하고 있었던 것 같습니다. '무의식 속 도망치고 싶은 나를 의식 위로!' 라고 쓰면서 '바로 도망치고 싶은 나를 의식하지 못하고 도망치고 있는 것이 아니냐!'라고 자문자답하며 도망치다 돌아오기를 반복하며 마침내 도달한 목표입니다.

2013년 7월 22일부터 23일까지 〈일본 청소년정신의학회〉 제 35회 연례 대회가 후쿠오카에서 열리게 되었고, 저는 무심코 학회 개최 대회장을 맡게 되었습니다.

지금도 도망치고 싶은 마음이 가득하지만, 이 책을 쓰면서 조금은 도망치고 싶은 나와 도망치고 싶지 않은 나 사이에 조율이 이루어지고, 도망치기만 하는 나를 지지해 주는 동료들

덕분도 있고, 어떻게든 학술대회를 잘 치러 낼 수 있었습니다. 학술대회 주제는 '현대 청소년의 마음자리 만들기 - 현실과 가상의 경계에서'였습니다. 그래서 이 책에서도 후반부 '마음의 자리 만들기'에 대해 조명해 보았습니다.

'있을 곳(거처, 안식처, 마음 둘 곳)'이란 '도망쳐도 좋은 곳', 더 나아가 도망치면 이기는 곳이지 않을까 하는 생각을 하게 되었습니다. 여러분도 지금 있는 곳에서 잘 도망쳐서 졸업이라는 걸 하고, 지금 있는 곳이 '모교'와 같은 장소가 되어 주었으면 좋겠습니다.

이렇게 도망치지만 이기는 행동을 반복하다 보면, 때로는 잘 안 풀려서 힘들 때도 있지만, 편안한 거처가 당신의 외적 세계에서 그리고 내적 세계에서 차례차례 만들어질 겁니다. 그런 세상은 프롤로그에서 소개한 도망칠 수 없는 주민들(사례들)로부터 보면 '잘 사는 은둔형 외톨이'가 될 수 있고, 부러워할 만한 '행복한 은둔형 외톨이 라이프'가 될지도 모릅니다.

도망쳐도 괜찮아질 수 있는 마음가짐, 조금은 익힐 수 있을까요? 창조적 도피처로서의 마음의 안식처를 만드는 방법, 조금이나마 독자 여러분께 전달할 수 있었으면 좋겠습니다.

2023년 5월 27일

나의 작은 도피처-- 스타벅스에서 카토 타카히로

첫째판 1쇄 인쇄 | 2025년 5월 30일
첫째판 1쇄 발행 | 2025년 6월 13일

지 은 이 가토 다카히로
표지일러스트 오가와 사토시
번   역 최태영
발 행 인 장주연
출 판 기 획 임경수
책 임 편 집 이규빈
표지디자인 김재욱
편집디자인 김민정
일 러 스 트 신윤지
마 케 팅 박예진
발 행 처 군자출판사
　　　　　 등록 제4-139호(1991. 6. 24)
　　　　　 본사 (10881) **파주출판단지** 경기도 파주시 회동길 338(서패동 474-1)
　　　　　 전화 (031) 943-1888　　　 팩스 (031) 955-9545
　　　　　 홈페이지 | www.koonja.co.kr

ISBN   979-11-7068-260-8 (03180)

정가 15,000원